JN074999

2006-2011（はじめのほう）

野田の日記

それでも僕が書き続ける理由

野田クリスタル

まえがき

その昔、芸人たちの間で「魔法のｉらんど」というホームページ作成サイトが大流行しました。

ネットの知識に疎い芸人でも簡単にホームページを作れるｉモード時代の救世主、それが「魔法のｉらんど」でした。

僕はその魔法のｉらんどで２００６年ごろに「野田クリスタルのホームページ」を作り、その後コンビを組んで「マヂカルラブリーのホームページ」へと変わり、魔法のｉらんどが小説投稿専用のサイトに変わるまでの14年間ずっと運営してきました
その自分のホームページ内に「野田の日記」というものがありました。

２００６年からほぼ毎週欠かさず日記を書き続けました。

当時はホームページの訪問数が一日で３人とかだったので、この野田の日記は誰に見られるものでもない、ただの自己満足、暇つぶしとして書いてきました。

当時は本当に嫌なことが多かったのですが、それを日記に書くことによって日頃の不幸を俯瞰的に見られるようになり、なにも現状は変わってはいなかったですが少しだけ気持ちが楽になっていました。

その後マヂカルラブリーになってから少しずつ訪問者数も増え、いろんな人にこの日記を見てもらえる

ようになり、最終的には吉本のグッズとして書籍化することができました。

1000本ほど発売したのですがなんと完売し、M－1優勝後ありがたいことに再販を希望する声が多く、今回グッズではなく正式に出版することができるようになりました。

とてもありがたいことなんですが、当然こんなことになるとは思っていなかったので、初めて読む方がこれをどう読むのか読んでどう思うのか想像もつきません。

僕は読むのが恥ずかしいを超えて辛いので一生読むことはありません。

そんな日記ですが、よかったら読めるとこまで読んでみてください。

2021年2月　野田クリスタル

もくじ

うおー

NODA'S DIARY

2006

2006年

2006/03/13(月)日記クリスタル

小学生の頃、宿題で「日記を書く」というのがあった。書いた日記を先生に見せ、評価をつけられる。厳しい宿題だ。

僕は日記を書くために、その日を精一杯生きた。街を歩き、物を観察し、風を感じ、小さな虫にさえ目をやった。しかし、中々ペンは進まない。

そんな自分を見て、母親は言った。「先生は普段のあなたを見たいのよ。だからあなたはいつもの自分を書けばいいの」

いつもの自分か……。僕は気が楽になった。すると止まっていたペンが動き出し、スラスラと字を書き始め、そして日記は完成した。

「7月3日(晴れ) 僕はのどがかわいたので、ジュースを飲んだ。でもまたのどがかわいたので、水を飲んだ。ジュースを飲まなきゃよかった。もったいないなと思った」

翌日、先生に見せたら「バッテン」と口で言われた。バッテンと言ったときツバも飛んでいた。

もう二度と日記は書かないと心に誓った。

でもまたこうして日記を書くことになる。また「バッテン」と言われるのだろうか。

2006/03/20(月)郵便局

僕は郵便局でアルバイトをしている。親の知り合いに素質があると言われ、いつの間にかアルバイト局員になっていた。

過去に書留の紛失1回。郵便物の誤配7回、バイクの事故1回、をしているため全く信用されてない。クビにならないのは局長に好かれているから。なんでも孫にそっくりらしい。僕も調子に乗っておじいちゃんと呼んだりする。相手は局長だ。

ところで皆さん還付郵便物というのはご存知だろうか？判子が押された郵便物のことだ。住所は合ってるのに、名前が違うと「あて所にお尋ね先がありません」という判子を押す。

すでに転居されていて、その転居先が分からない場合は「転居先不明」という判子を、苗字だけしか書かれていない場合は稀に「あて名不完全ですのでお返しします」という判子を押す。他にも、あらゆる状況に応じて、判子を変えていくわけだが、一つだけ納得いかないことがある。それは、すでに配達先の人が死去されていた場合。当然何かしらの判子を押すのだが、何故か「転居先不明」の判子を押すことに決まっている。僕は悪ふざけだと思う。確かにその方の転居先は分からない。天とかだろう。しかし差出人が転居先を探された場合、待ち受ける真実は酷である。

「その方は天に引っ越されたのです。私共では配達することができません」

とおじいちゃんは言っていた。

2006/03/21(火) 休日

本当の萌えとは何なのか？ 僕は今日一日そのことをずっと考えることにした。

僕が考える萌えは、僕を見上げるぐらいの身長の子が、半泣きで僕のシャツをギュッと握りしめ、じっとこっちを睨んでる。といった感じ。皆さんは想像つくだろうか？

さっそく答えが出たところで、親友のギタリスト（現郵便局員）にメールでこれを送ったところ、「そんなの萌えじゃねえ。そんなのが萌えだったら俺はなんなんだ」と返事がきた。「ギタリストだ」と送ったところ「だべ」と返事がきた。

「王ジャパンが世界一になったな」とメールで送った。

すると「王だけにな」と返ってきた。しばらく返信しないでいると、「王＝キング＝世界一」という解説のメールがきた。

彼は34歳だが、互いの気持ちは理解し合ってる。来年は今の職を辞めて、もう一度ギターを始めるらしい。「夢を追い続ける男」、彼のキャッチフレーズだ。

「おまえにとっての萌えは？」とメールで送る。返ってきたメールの内容は「11歳」だった。

そんなくだらない休日だった。

2006/03/26（日）考えました

セクシーチョコレートさんが解散したということと、ジッパージェンヌさんがSMAを辞めたということを朝のニュースで知り驚いた。この勢いでスピーカー370も解散しないかなと思っていたが、望みは叶わず。

セクシー平子さんはピンでやっていくらしい。そこで僕は勝手に平子さんの芸名を考えることにした。

・●●●●●
・●●●☆●
・●●、●
・謎の病気（●●●と読む）
・平子（●●●と読む）

芸名を考えるというのはやはり難しい。適当な名前を考えたら平子さんに失礼だ。長考の末、右記の5つを思いついた。

もし平子さんがこの日記を見ていましたら、是非この5つのうちのどれかを使って欲しいとクリスタルは願っています。

知らない芸人の名前に黒塗りだらけの文字。ここはふんばりどころ。まだ本は閉じないでほしい。

2006/03/30（木）ベランダの鳩（はと）

ベランダにハトが住みついてる。しかし僕は追い払ったりはしない。あのときのお詫びのために……。

あれは小学2年生のときだった。ハトがうちのベランダに巣を作った。母はホトホト困っていたが、僕は嬉しかった。まだこの土地に引っ越してきたばかりで、友達もいなかった僕にとってはハトが唯一の友達だったからだ。毎日母に内緒で餌をやり、ずっと観察し、たまに話しかけたりした。

ある日、巣に丸い何かが置いてあるのに気づいた。卵だ。鳩が卵を産んだんだ。僕は嬉しくなって、すぐに母にそれを報告した。

「かあちゃん。鳩が卵産んだよ！　見て見て。ほら」

すると母はその卵を手に取り、ベランダからおもいっきし投げた。

「か、かあちゃん!!」

僕はあまりの出来事にただ呆然としていた。

母は手をパンパンと2回はたき、部屋に戻っていった。

僕は泣きながら、本当に申し訳ないことをしたと思い、代わりに家にあった市販の卵を巣に置いといた。

次の日学校から帰ると、また母がその卵をベランダからおもいっきし投げているのを目にした。

ハトさん。本当にすいませんでした。

2006/04/04（火）虫歯

歯医者に13回以上通い続けてる。奥歯の虫歯を治療しているのだが、一向に治療が終わる気配がない。前々々回の治療では、虫歯がある歯の外側を削られ歯の真ん中だけが残された。前々回の治療では、前回削られた歯の外側を新たに作られ、残っていた歯の真ん中を削られた。そして前回の治療では削った歯の真ん中が新たに作られ、新しく作った歯の外側が削られた。

僕は完全に遊ばれてると思った。しかし臆病な僕は、なかなか医者にそれを言えないでいた。しかしこのままではいつまでたっても終わらない。僕は今回勇気を出して聞いてみた。

「なかなか治療終わりませんね」

すると医者は答えた。

「この治療を終えるのはあなた次第です」

それはおまえ次第だろと思った。おまえの努力次第だろと思った。

しかし、心なしか今回の治療は気合が入ってる。医者の真剣な眼差しが窺える。おそらく遂に本当の治療を始めたのだと悟った。

治療を終えて家に帰り、鏡を見てみると、今度は歯が短くなっていた。

完全に遊ばれてると思った。

2006/04/10(月)隠し場所

中学生の頃、ＡＶを隠すのに必死だった。『デスノート』という漫画で、主人公がデスノートを慎重に隠しているのを見て思い出した。

３男の僕は当時部屋がなかったので誰がどこを探ろうと文句が言えなかった。僕は必死に考えた。まずベタな隠し場所として思いつくのが机だが、僕の机は机という名のテーブルだったので却下。一度フォークギターの中に隠したこともあるが、バレた。そもそも部屋がなければ隠し場所など存在しない。どこに隠しても見つかる気がする。果てには常に持ち歩くという発想までいき着いた。そこで僕はある言葉を思い出した。

「木を隠すなら森の中」

そうか。ＡＶを隠すならＡＶ置き場だ。盲点だった。

ということで、僕は兄貴の部屋にあるＡＶ置き場に自分のＡＶを置いておいた。

すると次の日、兄貴からメールで「さんきゅ」と送られてきた。

さんきゅじゃねーよ。

2006/04/13(木)(・_・)

とある後輩からのメール。

「(・_・)ですよねー。(・_・)明日は暇ですか?」

「(・_・)ははは。(・_・)じゃまた今度」

「(・_・)? (・_・)何がですか?」

「(・_・)…(笑)(・_・)はい。わかりました」

うぜーーーー。なに(・_・)これ? なんの意味があんの(・_・)これ。ブリッジ? なんなの?

3つ目のやつなんか(・_・)これ1つでいいじゃん。

誰なの? (・_・)こいつ。どういうときに使う顔文字なの?

まぁ聞くところによると、そいつの携帯には顔文字がないらしい。だからわざわざ自分で作ってるのだ。

僕はメールで、

「まぁ、別に顔文字なんかなくてもいいっしょ」

と送った。

すると帰ってきたメールは
「(・_・)はい(・_・)」

それ打ちたいだけだろっ!!

2006/04/21(金)フォークギターで歌いたい

雨がよく降る。こんな日は少し寂しい。あぁ誰かに会いたい。

そんな気持ちを歌にしました。聞いてください。

野田クリスタルで『R指定』。

「このくらいの雨ならジャンパーのフードで何とかなる」

そんな甘い考え捨てちまいな

（サビ）R指定には逆らえない
「１９８０円札があれば便利なのにな」
そんな甘い考えは捨てちまいな。消費税を忘れるな
いつももらってばっかで申し訳ない。だけど
（サビ）R指定には逆らえない（※繰り返し）
きっとおまえは22歳。心で感じるおまえのＡｇｅ（年齢）
あぁR指定は15歳以下なのか17歳以下なのか曖昧なのさ
（サビ）R指定には逆らえない（※7回繰り返し）
そんな16歳の叫び

そういえば今日中にネタを作らなくてはいけなかった。

まだ本は閉じないでほしい。

2006/04/25（火）田舎者よ

僕は田舎者を馬鹿にしている。普段は愛想良く接しているようにみせて、心の中では「何も知らないクセに。都会の厳しさを」と思っている。

僕の身近にいる田舎者といったら青森出身のＲｅ：モダンタイムスだ。あの人達は典型的な田舎者だ。田舎者だから米ばっか食べる。お通しをすぐ完食する。携帯がツーカー。ボタンを人差し指で押す。スクランブル交差点で立ち往生。エスカレーター逆走。品川駅で迷子。携帯がツーカーｅｔｃ。一緒にいるだけで恥ずかしいったらありゃしない。

としさんは大田区の蒲田に住んでいる。なんか蒲田って必死じゃない？ ぎり東京みたいな。別に川崎でもよくねぇ？ みたいな。無理してでも東京に住みたかった感溢れてるよね。

「わ（おれ）、東京に住みたい」と言ってリュックサックを背負い新幹線に乗るとしさんの姿が目に浮かんだ。

若いゆえに痛い。

2006/04/30(日)WAKIGA

今家でハトを飼っている。ベランダに勝手に住み着いて卵産んでフカしちゃったんで飼うことにしたのだ。

ハトって今すごい人気がないらしい。でも子どものハトはすごいかわいい。ピーピーって鳴く。指に餌を乗せて口元に出すと、それをつっついて食べる。2羽いるんだけど、いっつも仲良しなのだ。体をくっつけ合って寝ている。本当にかわいらしい。

しかしこんなかわいらしいハトにも欠点がある。フンだ。フンをよくする。こんなにもかわいらしいのだけど、フンのせいで臭い。そう。臭いのだ。

こんなにもかわいらしいハトなのに、臭いという欠点を持っているのだ。

このように、人間の世界にも完璧かと思われた人間に意外な欠点があったということがよくある。

そう。それは僕のワキガのように。

2006/05/07(日)捨ててこいという意味だったのだ

とある用事で横浜にいると、なにやらイギリス紳士っぽい青年3人に話しかけられた。

「オジカンダイジョウブデスカ?」

胸につけてある名札には「キリスト」という文字が。おそらく何かの勧誘だろう。

僕はこういうのを一発で断れないタチなので「OK」と返事をした。

すると、その青年3人は僕の周りをトライアングルで囲い、スミスと名乗る外国人が喋り始めた。

「アナタは神をシンジAhッ…English OK?」オーケーな訳がない。楽するんじゃない。

そして3人は聖書を読み始めた。なにやら読むところを分担していたみたいだったが、たまにかぶったり、どこ読んでるのかわからなくなったり、すごいグダグダだった。

僕が「もう時間ないんで」と言うと、3人はアイコンタクトを取り、「デハ最後に祈リマショウ」と10分間アーメンを言わされ、その後3人と固い握手を交わした。

僕は急いでその場から去ろうとした。すると何故かスミスが飲みかけのコーラをくれた。

飲みかけのコーラをくれたのだった。

2006/05/22（月）やらせ

小学生の頃、『進め！電波少年』が大好きだった。毎回起こる何かしらのハプニングに心を躍らせていたものだ。

しかしとあるきっかけで僕は電波少年を見ることはなくなった。

学校の朝のホームルームで、長田先生（39）がテレビ番組について語り始めた。最近のテレビはつまらないだの、リアリティにかけるだの、話は永遠と続いた（3時間目まで続いた）。

そして、長田先生は電波少年の話をし始めた。「みんなあれを本当に起きてるハプニングだと思ってるだろ？」

このときの長田先生は眉毛がすごい上がっていた。

「あんなの全部やらせだからな」

僕はショックだった。大好きだったあの番組がやらせだったなんてショックだった。

しだいに僕はあの番組に対する怒りが生まれた。

しかし長田先生は言う。

「まぁ、やらせをした番組が悪いんじゃない。それをやらせだと気づいてしまう方が悪いんだ」

それもそうだ。

間違いなく一番悪いのは長田先生（39）だった。

2006/09/29（金）野田の日記。再開

不定期ながら、また日記を再開することにした。

先日、僕の兄が「おまえ早く日記書けよ」と言ってきた。見てたのかよと思った。死ねばいいのにと思った。

皆さんもたまにチェックしてみてくださいと思った。


2ヶ月で一旦書くのやめたんかい。

2006/10/02（月）大喜利

インターネット上で、いろいろなところで大喜利が開催されている。

僕が見た大喜利のサイトに、たまたまこんなお題が出されていた。

お題「あんなこと[redacted]、[redacted]。○○○いっぱいあるけど～。○を埋めなさい」

いろいろな答えが出されているが、その中に「にきび」と答えている人がいた。

僕はすごいセンスだと思った。なんか哀愁漂うというか、切ない。「申し訳ない」という気持ちが存分に出ている。

しかしそのボケには1票も入っていなかった。

泣いてしまいそうになるこの答え。皆さんどう思われますか。

2006/10/03（火）歌舞伎町は僕のふるさと

昨日は新宿でライブだった。最近やりすぎの「にんげんっていいな」を披露し、なんとか2位を獲得。

僕は思わず楽屋で賞金を片手ににんげんっていいなのダンスを舞った。そのときコレステ君はお菓子を食べていた。

しかし、どんな成績を残そうと、いつも悲しいのは出待ちゼロという現実。

他の芸人が出待ちと楽しそうに話している中、僕は一人唇を震わせながら、カルピスを買おうと自動販売機にコイ

ンを入れた。すると横から「すいません」と声がかかる。

顔を上げると、そこには女性の姿が。あぁこんな僕にも出待ちをしてくれる人がいるんだと感激した。

僕は緊張しながらも「あっおつかれさまです」と声をかけた。

すると女性は「3000円でいいよ」と言ってきた。

キャッチだった。僕は悲しかった。しかもその日は賞金1万円を貰ったので少し悩んでしまった。僕は「いえ、いいです」と言った。するとその女性は何故か自販のおつりのレバーをひねって走って去っていった。

僕はカルピスを買うのを諦めた。

2006/10/04（水）マンションのエレベーター

マンションのエレベーターに乗ろうとしたときのこと。

その日、エレベーターの横に「修理中」と書かれた看板があった。

僕はその看板に気づかずに、エレベーターのボタンを押してしまった。あぁしまった、と思ったが普通にエレベーターは自分の階までやってきた。

そしてドアが開くと、中で修理していたおっさんが「駄目だよー修理中なんだからー」と言って、すぐにエレベーターのドアを閉めた。

わずか5秒程度しか中の様子は見れなかったが、明らかにボタンの修理をしていた。

できるだろと思った。人が乗っててもできるだろと思った。それなのになんでわざわざ階段を使わなくちゃいけないんだ、と思った。

僕はその不満をぶつけようと、もう一度「開く」のボタンを押した。

すると中にいたおっさんは、手鏡片手に鼻毛を抜いていた。

帰ってほしいと思った。

2006/10/09（月）ミスターシーン

中学生の頃、いつもはずしまくってる奴がいた。彼のあだ名は「ミスターシーン」。

彼が授業中なにか喋ると、クラスのみんなはシーンと静まり返った。別にいじめられていた訳ではない。ただ、とにかくはずしまくっていたのだ。

ある日彼は僕に話しかけてきた。「どうやったらクラスのみんなを笑わせられるだろうか」

当時なまじっか人を笑わすことに長けていた私はクラスのちょっとした人気者だった。彼はそれを見て僕に相談しにきたのだろう。

僕は言った。「自分がつまらないんじゃない。周りのレベルが低いと思えばいい。自分に自信を持てよ。」しかし彼は落ちこんだ表情で「でも……」と返事をした。僕は「元気出せよ」と言って彼の背中を叩いた。そして僕は彼に食いかけのキャンディーをあげた。

彼はそのキャンディーをなめながら「僕も野田君ぐらい面白くなれるかなぁ」とつぶやいた。僕は笑いながら「それはちょいとむずかしいなぁ」と言って、その場を去った。

そのとき背中に感じた憧れの視線は忘れない。きっと彼にとって僕は特別な存在なんだなと思った。

今では僕がミスターシーン。そのときあげたキャンディーはもちろんヴェルタースオリジナル。

なぜなら彼もまた、特別な存在だからです。

あぁー。

2006/10/12（木）嘘をつきます

ギター。

ひきてー。

嘘にしては弱い。

2006/10/13（金）不景気は怖いの巻

「電気屋　エアコンのクリーニングもやってます」とか「ラーメン屋　定食もやってます」のように、本来の仕事の経験を活かし、別の仕事もこなすということがよくある。芸人が役者をやったり、役者が声優をやったりするのも同じことだろう。

不景気なこのご時世、仕事を一つに絞らず、やれる仕事はやっていこうというこの発想。偉いものだ。

ところで今日、とある駅の中でこんな店をみつけた。

「靴の修理屋さん　中古CDも売ってます」

関係ないじゃんと思った。中古CD関係ないじゃんと思った。

しかも店の張り紙に「靴の修理は要相談」と書かれていた。ならもう「中古CDショップ　靴の修理もやってます」でいいだろと思った。

靴の修理の経験を活かして、中古CDを売ってみる。

不景気とは怖いものだ。

2006/10/17（火）青春ばなし

中学生の頃のお話。

米沢という女性の担任がいた。年は28くらいで、結構見た目も若い先生だった。

しかし米沢は口うるさかった。やたら厳しかったし、笑った顔も見たことがない。今どき流行らない熱血女教師と言った感じだ。

当然クラスの生徒からは不満が出始める。しかし米沢は気にも留めず、いつもどおりの厳しさを貫いた。それに対し、クラスメイトは渋々付き合っていた。

しかしあるとき、僕は耐えられず先生の授業を一人抜け出し、コンビニに行って立ち読みをしていた。しばらくどうでもいい漫画を読み続けた後、もうそろそろ終わる頃かなと思って、教室に戻った。

するとなかの様子が変だった。もう昼休みだというのに、みんなが着席した状態でクラスはシーンと静まり返っていた。「は？」と思って中に入ってみると、先生が「はい。じゃあ号令」と日直に言った。

ずっと待っていたらしい。1時間も。

そして先生は涙声で「ちゃんとチャイムが鳴ったら席についてね」と言った。

なんだそれ、と思った。僕がいないと授業できないかよ、と思った。熱血もほどほどにしてほしい。いい迷惑だ。

それから僕はそんな熱血女教師と1年間も一緒に過ごし、その学校を卒業した。

中学を卒業してから、僕は一度その先生に会いに行ったことがある。

久しぶりにあった先生は僕に「ちゃんと授業はうけてるんでしょうね？」と笑顔で言った。

僕は「米沢先生は変わんないですね」と言った。

すると先生は「あっもう米沢じゃないの」と言った。

結婚して先生の苗字が変わっていた。

こうして僕の初恋は終わった。

2006/10/18(水) フォークギターで歌いたい
第2弾(4月21日の日記参照)

道行く人の長袖が季節を感じさせる。

やはり秋というのは、どこか切なく虚しい。こんなときは誰かと会いたい。

そんな気持ちを歌にしました、聞いてください。

野田クリスタルで『23時くらいに明日って言われるとや

やこしい』。

あぁー。体の半分にスポットライトを当てるなよ。少し右にずらしておくれよ

（サビ）ＬａＬａＬａＬａ　23時くらいに「明日遊ぼう」と言われると、明日のことなのか明後日のことなのかややこしいのさ

あぁー。うちの兄貴はポケモンのアニメの点滅を見て気分が悪くなった被害者の一人さ

Ｏｈ　俺はどうせ腐りかけのなにかさ

Ｏｈ　俺はどうせなにかの子孫さ

（サビ）ＬａＬａＬａＬａ　25時くらいに「昨日さー」って言われると、昨日のことなのか一昨日のことなのかややこしいのさ

そんな腐った人生　フォーリンラブ

第3弾がないことを祈ろう。

2006/10/20（金）思い描く時点で問題だった

最近になって、学生時代の先生の言葉を思い出し、その本当の意味を知ることが多々ある。

小学生の頃、粘土を使って自由な物を作るという授業があった。

その授業中、とある男子生徒の周りに、人が集まっていた。なんだなんだと覗き込むと、それはもう粘土とは思えない程、リアルに作られた馬だった。

こんなの絶対敵わないよーと言いながら、その作品をずっと眺めていると、その様子を見て担任の女教師（43）がやってきた。

するとその女教師は握りコブシを天にかざし、そしてそのままコブシを垂直に落下させ、その馬を「ドンッ」て潰した。みな呆然としていた。

それを作った男子生徒は涙目で「なにするんですか」と叫んだ。

すると先生は言った。「わたしはあなたの思い描くものを粘土で作ってほしかった。これはただの模型よ」

僕はこの言葉が身にしみた。みんながシーンと静まり返る中、僕は自分の思い描くものをこの粘土で作ってみせようとすぐに作業に取りかかった。そして授業終了間際になんとかそれは完成した。

「先生できました」そう言って、僕はこの粘土で作られた父親のち●こを先生に見せてやった。

すると女教師は握りコブシ（以下略）ドンッて潰した。

今になって、そういう意味じゃないんだなって思った。

2006/10/26（ホ）休憩

なんとか4日連続のライブを終えました。今回の調子は2勝2敗といった感じです。

まず23日の一発ギャグ大会。自分の一発ギャグをただひたすらやるという、ソフト・オン・デマンド並みの企画ライブ。しかし何故か3位を取ることができました。

次に24日のキングオブフリー。ネタは「にんげんっていいな」。最近自分の中で何のネタなのかさっぱりわからなくなってきましたが、無事2位で予選通過です。

さぁこっからです。25日の南関東修行場ライブ。こっからは新ネタの「絶対君が好きだよ」をおろすことになりました。いやー心折れるってこういうことを言うんですね。ネタの最後で「カキタレども!!」とお客さんに言ったとき「は?」という声が少し聞こえました。

更に今日の疾風迅雷ライブで何故か僕はまた「絶対君が好きだよ」をおろしました。ネタが終わったとき僕は「自殺ってどこですればいいんだろう?」って考えました。

まぁ全部が全部うまくはいかないもんですね。
セックスと同じです。

このとき童貞。

2006/10/27(金) 休憩してる場合じゃない

もうすぐ11月ですよ、皆さん。早いですね。素早いですね。芸歴も5年目に突入しました。まるで師弟関係のように思われているモダンタイムスとは、実際芸歴1年しか違いません。

思えば、ショートコント(セールスコント)、漫才(役満)、コント(アンビシャス)、全部やりました。

吉本を辞めてから早1年。同時に吉本に入った南野やじさんも今月、吉本を辞めたそうです。しかし思えば吉本にいるときはライブに出るのが苦痛なときもあった。しかし今は舞台上でブリーフとランニングを着て笑いながら跳ねまくる、ただの●●●●。楽しそうでしょう? 楽しいです。今なら舞台上でちんこ出せます。股にある何かの筋も見せれます。

そんな僕も来月で20歳になります。親からは「ひかちゃん」と呼ばれてます。

2006/10/31(火) 高橋伝説

毎月出ている「としかわトーク」を無事終え、トークメンバーで飲みに行くことになった。

何度かトークメンバーで飲みに行ったことはあるが、いつも厄介なのがWeの高橋さん。いきなりビールを一人で17杯飲み、ベロベロに酔っ払う。そして急に立ち上がり、片手を前にかざし「平安京の者達よ。我のちんこを見せたまえ」と歌い始め、「いや、意味わかんないっすから!」とみんなから注意される。そしてだんだんヒートアップして「平子をボコす」とか言い始める。勝敗は歴然としていたが、とりあえずみんなで高橋さんを止めた。その時の高橋さんは高橋ジョージさんそっくりだった。

しかし高橋ジョージはその後ゲロを吐き、みんなで世話をするはめになった。

帰りの駅で彼はノソノソと改札へ向かった。「ちょっ高橋さん！　切符買ってないでしょ!!」と、みんなで止めようとしたが、高橋さんはそのまま切符を持たず改札を渡ろうとした。しかし彼は神だったため、改札が反応せずそのまま渡ることに成功した。渡った後、高橋さんは「やべっ切符買ってねぇ」と言って、また戻って改札を渡ろうとした。やはり彼は神だったため、このときも改札は反応しなかった。

そして高橋さんは爽やかな顔で、電車に乗り帰っていった。

おそらく本人は何も覚えてないと思うので、ここに高橋伝説を記録する。

2006/11/07（火）MC決定

とりあえず11月のライブ前半戦は終了です。

今回もイマイチなときもあれば、良い感じのときもありました。

そんでもって昨日、幡ヶ谷プロジェクトの「有刺鉄線と野比のび助」というライブに出たんですが、そこで新ネタ「ガムテープ男の物語」をやってみたところ、幸か不幸か総合順位1位を取らせて頂きまして、来月MCをやることになりました。ライブ名も「野田クリスタルと野比のび助」になります。

え？　いいの？　一人でMCやったことないよ？　っていうか誰か出てくれんの？　お客さんゼロとか嫌だよ？　会場下北ファインホールとかにならないでね？

もはや自分が野田クリスタルなのか野比のび助なのかわからなくなってしまう程、悩まされています。

出演者とか自分で決めていい？　村井とか出していい

（俺の同級生）？　遂にち●こを出すときがきたのでしょうか。とりあえず、日程が決まり次第スケジュールに載せますので、是非お越しください。

そんでもって14日にはキングオブフリー準決勝がありますす。そちらの方も是非チェックしてだっちゃ！


11月のライブ前半戦が11月7日に終わるのが悲しい。

2006/11/15（水）tWI異臭事件を野田が語る

昨日はキングオブフリー準決勝だったんですが、とりあえず無事決勝にコマを進めることができました。お越し頂いたお客様、ありがとうございました。

そして一つ謝らなくてはならないんですが、昨日ライブのエンディングではしゃいでたらかなり汗をかいてきて、僕のワキガが最高潮に達してしまい、お客様、そして出演者の方々に多大なるご迷惑をおかけしてしまったことをお詫びいたします。

今思えば、あのとき他の出演者の方々が少し僕から遠ざかってた気がします。

しかしここで言わせてもらいたいのが「俺のワキガは嗅ぎ方によっては晩飯のおかずにだってなる」ということです。

もっと簡単に言わせてもらうと「俺のワキガはからあげの臭いだ」ということです。

決勝では今年一番のワキガを皆さんにお届けできたらなと思っています。

2006/11/28（火）ハッピバースーデートゥーミー

20歳になりました。お酒飲めます。

としかわトーク終わりに、メンバーに「俺明日誕生日なんですよ」と言ったら、「まじ？　俺来月」って言われました。僕も思わず「あっおめでとうございます」って言ってしまいました。誰も祝ってくれません。

今日は、一人寂しくワンカップを飲んでケーキを食べることにします。

20歳になりましたが、これからも芸人一筋で精進していこうと思っていますので、皆さんどうか陰ながらでも応援してくださいませ。宜しくお願いします。では。

では。がなんか腹立つ。

2006/12/02(土)ハイレベルガヤ

昨日のライブは、やたらメンバーが豪華だった。こんなハイレベルな芸人達の中に、ただ一人フリー芸人。ほとんど素人の僕。なぜかそのときだけインポテンツ(精神的Ver.)になった。

ところで出演者がハイレベルだと何が違うのか? というのを一つ発見した。

それはガヤだ。エンディングトークとかで、誰かが話してるときの周りの芸人のガヤが面白い。

僕の一発ギャグで「昔、熊を一撃で倒したときのパンチ」というのがあるけど、そのときのガヤが「おいおい。本当に見せてくれるのかよ」とか「ちゃんと仕留めてくれよ」とかだった。

皆さんも是非、エンディングトークなどでの周りのガヤに耳を傾けてみてください。

2006/12/10(日)みんなに黙っていたことがある

皆さんに打ち明けなければいけないことがある。実は僕は超能力が使える。とはいってもそれほど大きなパワーは持っておらず、簡単な超能力しか使えない。

初めて僕が超能力を使ったのは中学生の頃。バスケに情熱をかけていた僕は、毎日朝早くに体育館に訪れ一人練習に励んでいた。ある日僕はバスケットのゴールを眺めこう思った。「ダンクがしたい」。

そして僕は助走をつけ、リングめがけ思いっきしジャンプした。気づくと僕はリングの上に座っていた。本当だ。信じてくれ。

あと、僕はスプーン曲げに関しては他の追随を許さない。僕のスプーン曲げは周りがやってるのとは訳が違う。なんと僕のスプーン曲げは縦に曲げる。←→じゃなくて↓↑こう。本当だ。

あとみんな気づいてないと思うが、僕は基本的に1cm宙に浮いている。本気を出せば3cmまで上がる。ちょっと楽な階段なら一度も足を上げずに上りきることができる。

さらに僕は射精と放尿を同時にしたことがある。もはや神をも超えたと言える。

こんな感じのことを昨日、酔っ払った調子で友人達に言ってしまった。

今からスプーン曲げの練習をしようと思う。

2006/12/16（土）なかの芸能小劇場

ライブ前。それぞれがネタ合わせや舞台の音響チェックなどで慌しい中、桜前線の渡辺さんが僕に話しかけてきた。

「おまえ。なかの芸能小劇場の3階行ったことあるか？」

僕は驚いた。ここに3階があるという事実。渡辺さんは舞台以外では声がものすごい小さいという事実に。

そして僕はこの日、なかの芸能小劇場の実態を目の当たりにした。

まず、初めて気づいたが、この建物は7階まである。そして階段で上ると分かるが、3階が2つある。僕達が3階だと思っていた場所は正確には4階である。

ドルアーガの塔の如く、複雑に作られたこの建物は恐らく何かが眠っているに違いない。

渡辺さん曰く、6階には温泉。7階にはヘルスがあるらしい。

「5階は何があるんですか?」という質問には、話をはぐらかした。

この謎の建物、なかの芸能小劇場。最大の謎は1階にある謎の喫茶店だ。

2006/12/23(土)納得のいかないこと

納得のいかないことってよくある。

中学生の頃、授業中に先生がいきなりこんな質問をしてきた。「おまえら顔はなにで洗ってる?」

僕達は困惑した。そして1人の生徒が答えた「洗顔料で洗ってます」

すると先生はにやりとして答えた。「馬鹿だな。先生なんて石鹸だぞ。石鹸の方がいいんだぞ」

生徒は聞いた。「なんで石鹸の方がいいんですか?」

すると先生は答えた。「だって石鹸のときの方がゴシゴシ洗うから」

それはおまえ次第だろと思った。

2006/12/29(金)一年を振り返ってみて

2006年。皆さまにとって一体どんな年だったでしょうか。振り返ってみるといろんなことがあったと思います。

僕にとってこの2006年はまるで2003年のようでした。3月までは2002年のようだと思っていましたが、10月あたりからは「やっぱり2003年のようだ」と思いました。

2007年は2001年のような年にできたらなと思います。

良いお年を。

2006/12/30（土）イオナズンを覚えた

年賀状の仕分けをしてる。

1枚仕分けするごとに経験値が10入ってるとすると僕はもうレベル40になってる。

そんなことを考えながら仕分けしている。

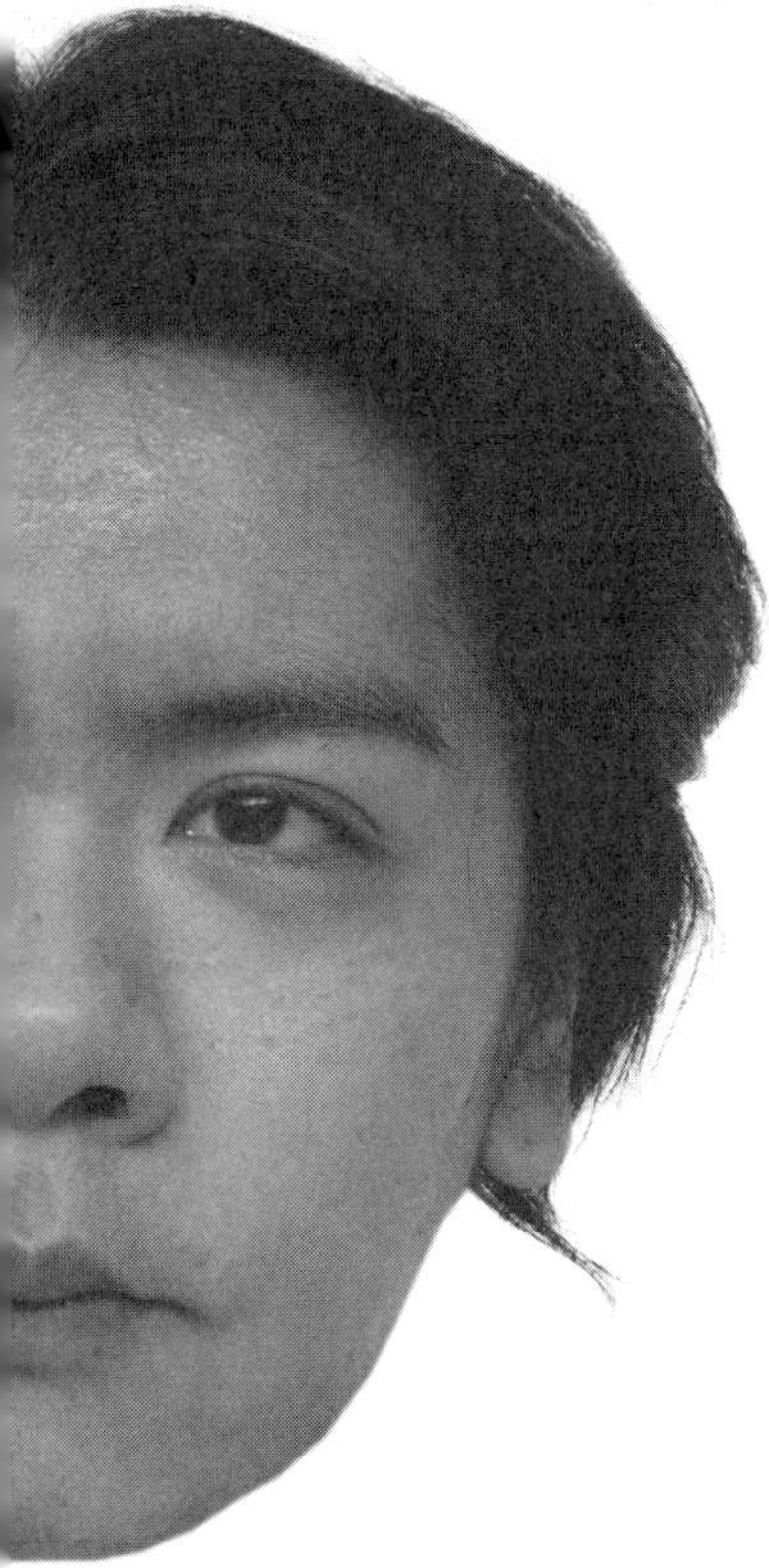

NODA'S DIARY 2007

2007年

2007/01/03（水）2007年は2008年の伏線だ

遅くなりましたが、明けましておめでとうございます。2007年という10年後絶対覚えていないであろう年ベスト3を迎えられたことを大変嬉しく思っています。

さて皆さんはどのように年を越されましたか？　僕は十字のハリツケ柱に押し上げられて、両手両足を縛られて竹槍で村人達に突かれていました。未だによく原因がわかっていません。

あと僕のバイト先が郵便局なので年賀状が大変でした。もし今年、年賀状を出された方がいましたら僕のBBSにて謝罪してください。「こっちこそ何かごめん」というレスをします。

そんなこんなで2007年。今年も宜しくお願いします。

> 2007年はいろいろあった年だった。10年後も覚えてそう。

2007/01/06（土）MCとSEXはよく似ている

「野比のび助」というライブで昨日は初MCをやらせていただいた。ライブが終わると新年早々「自殺」という2文字が頭をよぎった。

やはり初めてのMCというのはうまくいかないものである。自分の中でイメージするものは常にあったが、実際にやってみるとそれが全然叶わない。

SEXとよく似ている。MCとSEXはよく似ているのだ。共通点をいくつか挙げてみよう。

・思い通りに事が運ばない

・信頼できるパートナーが必要
・焦ってはいけない
・ひとりでやるのは難しい
・アルファベット
・マイクを使う
・やり終わった後、たばこを吸いたくなる
・「今日はお越し頂いてありがとうございました」って言う

今思いついただけでもこれだけある。やはりSEXができないとMCはできないのだ。
だから僕はもっとSEXの勉強をしようと思った。

このときまだ童貞。

2007/01/07（日）タイトルをつけるのは大変だ。の巻

映画のタイトルというのは大事だ。センスのないタイトルは見る気にならない。
ということで今日は、僕がTSUTAYAで見つけた「センスのない映画のタイトル」をいくつかご紹介しよう。

「欲望という名の電車」
↓これはセンスがない。「欲望という名の」と「電車」は最悪の組み合わせだ。

「アサシン／暗・殺・者」
↓「暗・殺・者」がうざい。だったら「ア・サ・シ・ン」ってやるべきだ。

「戦略大作戦」

↓結局なんの作戦なのか。戦略を企てるという作戦なのか。行動に移す気ゼロだ。

「僕の、世界の中心は、君だ。」

↓意味がわからない。「僕の」なのか「世界の」なのか。あと「、」使いすぎ。

「皆殺しハンター」

↓それはもうハンターじゃないと思う。

「アニーよ銃をとれ　第3巻」

↓まだとってないのかよ。早くとれよ。

「西部戦線異状なし」

↓じゃあ帰れ。

まぁ他にもたくさんあったけど、続きはまた次回にしようと思う。

映画のタイトルはちゃんと考えた方がいいと思う。

2007/01/12（金）成人式があったよ

結構前だけど、成人式に行ってきた。

なんか少し遅れて行きたくて、朝ギリギリまで寝てたらなんか急に焦りだして、駅まで走った。そしたらなんか間に合った。遅れて行こうなんて思わなきゃ良かった。

女の子の振袖姿はいい。でもその中でドレスで来る女の子もいい。関係無いけど警備員の女性もすごくよかった。しかし知り合いがいない。

結局誰とも会わず横浜アリーナに着く。だんだん不安になってくる。しかも3階席。高所恐怖症のため足がブルブル震える。さらに飲み物の持ち込みは禁止だったのに、来る途中買ってきたコーヒーを片手に持っていることに気づき体が震えてくる。終いには何故か前回の野比のび助の自分MCの出来の悪さを思い出し吐き気がしてきた。

こんな感じで僕は会場を後にした。もうよくわからなかったけど、成人を迎えられたことを嬉しく思う。


2007/01/15（月） マヂカルラブリー

そういえば25日のライブは「マヂカルラブリー」というコンビで漫才をやる。

相手は村上君という何の華もない法政大学在学のドラ息子。本名は鈴木だ。

なんでも過去にトリオでキングオブフリーに出場し優勝したらしい。

やってみようと思ったキッカケは最初に会ったときに彼が僕に「堤さやか　復活」のAVをくれたことに始まる。

そのときはまだ「こいつなかなか気がきくじゃん？」程度だったが、見てみるとモザイクなしだったので、すぐに「やろう」とメールで送った（同時に射精した）。

ネタはまぁ、普通の漫才をやると思う。ただ1年ぶりの漫才なのでまだ慣れていない。

過去に「アンビシャス」という伝説のコンビを組んだことがあるが、2ヶ月で相手が失踪するという事件が起きてしまった。今回は失踪しないように、あらかじめ住所を聞いておく必要がある。

> 現在もまだ失踪していない。

2007/01/17（水） ストレッチ

ストレッチをしてみた。

裏の太ももがすごい痛くなった。

ストレッチしなきゃよかった

> ここまでで一番好きな日記。

2007/01/26（金）だから売れたい

昨日のライブで、シークレットゲストとして「桜塚やっくん」がやってきた。芸能人オーラがすごい出ていた。

ネタ中の客いじりの技術もすごかった。いろんないじり方があるんだなぁと勉強になった。僕は前に乳首をいじっていたら血が出たことがある。だから客いじりができない。

売れてるのに、こういうライブに出るのは偉いなぁと思った。でも正直、チケットノルマは払ってほしかった。帰り際に「ノルマいくらでしたっけ？」って聞いてほしかった。

しかし、売れたらノルマは払わなくて済むのだ。

だから僕もノルマを払わずに会場を出ようとした。怒られた。

2007/01/30（火）これがほんとのワンピース

最近『ワンピース』を読んでいる。

悪魔の実を食べると何かの能力を使えるようになるという設定がなんだかワクワクさせる。

そういえば僕は昔、学校の木になっていた謎の実を食べて食中毒になったことがある。それ以来僕はなぜか二重になった。今思えば、あれは悪魔の実だったのかもしれない。

ところでワンピースの最終回はどうなるのか、を予想してみた。

僕はワンピースというタイトルに意味があると思う。ワンピース。つまり中指を立てて終わるんじゃないかなと。「ご愛読ありがとうございました」って中指立てて終わる。

そしたら僕は「ワンピースってそういう意味だったのか」って納得すると思う。

みなさんはどう思われますか？

ピースサインが中指1本になってワンピースって意味だと思う。

2007/02/09（金）実験その1

電車の中ではしゃぐ子供たち。つり革にぶら下がろうとピョンピョンと跳ねていた。

僕はそのとき思った。

なぜこの子供たちは、ジャンプした場所と着地点が同じなのか？　電車は動いているのだから、自分の体が空中に止まった瞬間、後ろの壁にドーンってなるはずだ。

僕はこの謎を解明すべく、電車の中でジャンプをしてみようと試みた。しかしできなかった。足が震えてしまった。後ろの壁にドーンってなるのが怖かった。ドーンってなったらみんな引くだろうなって思った。

でもやるしかない。これで死んだら僕は新たな電車男として語り継がれるだろう。

「電車の中では携帯電話の電源はお切りください。そして思いっきしジャンプしないでください」というアナウンスが追加されるだろう。

僕は覚悟を決め、命をかけて電車の中でおもいっきしジャンプをしてやった。

するとみんなに変な目で見られた。

おもいっきしジャンプしなきゃよかった。

2007/02/14（水）速い

これは中学生の頃、バスケ部だったときのお話。

3年生になり、後輩が入ってきた。骨のありそうな奴、なさそうな奴。うまい奴、下手な奴。いろいろいたが、その中で1人、速い奴がいた。

とにかく速かった。手の動きとか首の動きとか。全然意味ないけど彼は確かに速かった。監督が「あの速い奴は一体何者なんだ」とすぐに1年の名簿を調べた。すると彼の名前が速水だった。監督は小さな声で「だからか」と呟いた。

彼はそれだけではなく、部活に来る時間も速い。帰る時間も速い。11月にインフルエンザにかかる。1月生まれ。いきなりタメ口。

すべてにおいて速かった。

この速さは何かの役に立つとみんなから期待されていた。

そして2ヶ月後、彼は部活を辞めた。

辞めるのも速水だった。

2007/02/15（木）なんか嫌なこと

交番の中に指名手配のポスターがたくさん貼られているのを見ると腹が立つ。

探す気ないんじゃないかって思う。

2007/02/21（水）スカイフィッシュの如く

たまに思う。

この世には、もしかしたら足がめちゃめちゃ速い奴がいて、肉眼では捉えることのできない人がいるのではないかと。

それをみんなは幽霊だと言ってるのではないかと。

おそらく、ゆっくり歩けないのだ。というよりも徒歩の時点で速すぎて僕らでは見ることができないのだ。

風とかも実はその人が過ぎ去って起きる現象ではないのだろうか。

そう思うと、おちおち歩いていられない。だってその足がめちゃめちゃ速い奴とぶつかるかもしれない。

ぶつかったら謝らなくちゃならない。めんどくさい。

きっと死んだら足がめちゃめちゃ速くなるのだ。

だから僕達では死者を見ることができないのだ。足が高速で動いてるから足が無いように見えるのだ。

僕はまた一つ大きな謎を解決してしまったようだ。

これは今でもそう思ってる。

2007/02/27(火)プロフィールの写真

プロフィールにこの前撮った写真を載せてみた。

いい感じの写真でしょ。仲良さそうでしょ。

あの写真は、僕が「俺こっち行くから、おまえはここで待ってて」と言ってる場面。

村上君は「うん!」と返事をしている。

何回見ても、なんでこんなに楽しそうにしているのかはよくわからない。

あと、これは遠目で見ないとわからないけど、見方によっては俺が飛んでるように見える。

結構下の方からジャンプして村上君のところまでやってきた人みたいな。


まぁとりあえず、これがマヂカルラブリーです。見たことない方は是非ライブにお越しください。

2007/03/07(水)さすがは王者

バイト先で怒られたとき、ネタがすべったりして落ち込んだとき。そんなとき、ネットサーフィンをしていると僕は自然といつもここに来てしまう。

「竹原慎二のボコボコ相談室」

皆さんからの悩みに竹原慎二が答えるというこの企画。

竹原慎二の回答には、いつも驚かされるものばかりだ。それではいくつか紹介していこう。

相談者 Aさん(29歳)
「今の仕事を始めて4年、苦手なことを克服できません」
竹原慎二の回答
「おまえには無理。あきらめろ」

→さすがは世界王者。初対面の方に「おまえには無理」と言えるのはこの男だけだ。

相談者　Hさん（26歳）
「やりたいことが見つかりません」
竹原慎二の回答
「知らねーよ」
→王者でも分からないことだってある。

相談者　Bさん（26歳）
「親の縁故で入った会社がどうも肌に合わない」
竹原慎二の回答
「俺に相談する前に、両親に聞けや」
→もはや根底を覆す回答。この企画そのものに対しての回答と言えるだろう。

相談者　Bさん（27歳）
「ウジウジしているせいか、会社でよくいじめられます」
竹原慎二の回答
「俺はウジウジしてるヤツが嫌いだ」
→相談してはいけない人に相談してしまったパターン。

相談者　Sさん（24歳）
「試験に落ちたのは面接のせい。我慢ならない、ムカつく」
竹原慎二の回答
「俺はおまえにムカつく」
→もはや相談室でもなんでもない。個人的な意見だ。

その他にもたくさん王者の名言があるが、すべてをご紹介できないのが残念だ。

他にも見たい方はこちらからどうぞ。
https://code-g.jp/bokoboko/ （2021年現在）

2007/03/14（水） お芝居に出る

ホームページのTOPにも記載されてる通り、お芝居に出ることになった。

出演依頼があり、ノリでOKしたらなんか忙しくなってきた。大きな劇場ではないが、それでも8回も公演するらしい。8回オナニーするのとは訳が違う。オナニーの方が大変だ。だから大丈夫だ。

あと、どうせ草の役か何かだと思っていたので、必死で草の勉強をしていたところ、なんと自分の役が準主役的なポジションだと知らされる。ずっと出ずっぱり。草の勉強しなきゃよかった。

しかも腹式呼吸でマジ演技。2ヶ月間の稽古。モダンタイムスとしさんからは「おまえ何になりたいんだ？」と言われる始末。僕は乳首から母乳が出る男になりたい。そんな夢も今では思い出の一つとなっていた。

なんかもうよくわかんないけど、せっかくなんで頑張ろうと思う。

是非皆さん観に来てください。

2007/03/15（木） 村上

マヂカルラブリーというコンビを結成して早1ヶ月。まだまだ認知度は低い。

今日はマヂカルラブリーというコンビをより楽しんでもらうため、相方・村上という人をもっと知ってもらおうと思う。村上とはこんな人だ。

・真面目。腰が低い
・法政大学。ドラ息子
・時計を両腕にしている

・勃起してないときの方が珍しい
・フンを固めて巣を作る
・完全に消滅しなければ何度でも再生する
・なんかの子孫
・ご飯食べる
・爪伸びる
・草食べる
・火とかで燃える
・燃やしてみたくなる
・燃やしたら怒る
・怒っても燃やしてみる
・燃えた
・勝った!!

などなど。
僕もまだ村上君については3％しか知らない。

図書館で調べてみたいと思う。

香水つけてるけど息くさい。

2007/03/23（金）おかえりなさい

今日、兄が寝言で「これでやっと地球に帰れる」と呟いた。
次の日の朝、兄はどこか誇らしげな顔をしていた。

2007/03/25（日）あの紙ヒコーキくもり空わって

20歳の成人式の日に、自分宛に1通の手紙が届いた。
差出人は「10年前の自分」。

僕は思い出した。小学生の頃、学校の行事で20歳の自分へ手紙を出したのだ。それが20歳になった今届いたのだ。
他の友人にも届いてたようで、その手紙の文には「まだ野球やってるか？」とか「良い女と結婚しろよ」など、あのとき抱いていた夢が書かれていた。

そして、10年前の自分からのメッセージを励みにまた情熱を燃やす奴もいた。

なんだか嬉しかった。タイムカプセルを掘り返すようなワクワク感。一体僕はどんなメッセージを書いたのだろうか。


早速僕は手紙を読んだ。

10年前の自分からのメッセージ。そこには大きな字でただひと言「ざまぁみろ」と書かれていた。

僕はその手紙を紙ヒコーキにして飛ばした。

2007/03/29（木）あずきバー

家に帰ると、うちの母があずきバーをかみ砕こうとしていた。

歯茎から血が出ていた。

少し涙目であずきバーを必死に噛みながら「硬い硬い」と言っていた。

そして腹が立ったのか「硬すぎ――!!」と叫びながらあずきバーをベランダから放り投げた。


そろそろだなと思った。

2007/04/02（月）演技レッスン

半年ぐらい前から、ほぼ趣味で演技レッスンに通っている。それが功を成しお芝居に出れたわけだ。

演技レッスンのお勉強は面白い。この前「ひたすら舞う」という授業があった。

その名の通り、ただひたすら舞うというもの。先生は「そのとき感じた気持ちを素直に体に伝えろ」と言った。

何か音楽があるわけでもなく、無音で一人ひたすら舞う。

しかしここで心が折れるわけにはいかない。僕は感情にまかせ、思う存分ひたすら舞った。

羞恥心をすべてなくし、思うままにひたすら舞った。

やってる途中に気がついた。「感じた気持ちを体に伝えるというのはこういうことなんだ」

そして先生が手を叩き、終了した。

息を切らしながら僕は先生に「どうでしたか？」と聞いた。

すると先生は「はしゃぎすぎ」と答えた。

なかなか演技というのは奥が深い。


2007/04/03（火）妙子（たえこ）

昨日はいつも出させて頂いてる「疾風迅雷ライブ」に出た。

楽屋芸人（楽屋で活躍する芸人）として有名な野田クリスタルは今日も楽屋で騒いでいた。

すると相方の村上が「他の芸人さんに迷惑でしょ」と俺に注意してきた。そして村上は腹を立てながら楽屋の入口の前で正座した。

俺はたまにあいつがよくわからなくなるときがある。

このライブは前回1位だったので堂々と構えることができた。今回も2位という好成績を出すことができた。

「ライブ会場でたら出待ちとかたくさんいんじゃね？」と俺が言うと村上は「ちょっと野田くん期待しすぎ」と言って帽子を深く被った。

俺はたまにあいつがよくわからなくなるときがある。

そんなこんなで村上は今日も元気です。

村上の母・妙子へ

2007/04/11（水）mixi

村上の紹介でミクシィというものをやってみることにし

た。

まずプロフィールを作成。ニックネームに悩んだ。自分で自分のニックネームを考えるほど酷なことはない。

「スーパー足はやい男」と「タートルネック比嘉」どちらにするか悩んだ結果「野田クリスタル」にした。悩まなきゃよかった。

さて、なんでもミクシィには「野田クリスタルコミュニティ」というものがあり、そこで俺のことを話したりしているらしい。なんともありがたいことだ。

ちなみに村上も野田クリスタルコミュニティに入っている。あいつのそういうところは好きだ。

さぁみんなも野田クリスタルコミュニティに入ろう。

いやっほーい!! ミクシいやっほーい!

今日はこんな感じで日記を終わるぞいやっほーい!

タートルネック比嘉ってなに?

2007/04/13(金) 親心

母のアドレスが変わった。

見たら「[redacted]」になっていた。

2007/04/15(日) 大志を抱け

ふとアンビシャスのことを思い出す。

ご存知ない方も中にはいるだろうから、少し話そう。

アンビシャスというのは、僕が遠い昔に「矢野」という人と結成した幻のコンビだ。

コンビ名は矢野がつけた。アンビシャスとは「野心満々」という意味。彼は「俺達にぴったりじゃね?」と言った。

そして俺達は世界最強のコント師になるという野心を抱き、来る日も来る日も稽古を重ねた。

そしてライブ当日になんと矢野が失踪し、急遽僕が一人で大喜利をやってだだすべったという伝説がある。

結成2ヶ月。相方の最後のメールは「心折れたr(∧∥ω∨∥*)スマンスマン」だった。

全然野心なかった。全然ぴったりじゃなかった。

今、矢野はどこで何をやっているのだろうか？

たまに思う。社長とかになってたらどうしようって。

2007/04/16（月）5分

今パソコンの回線の調子が悪く、5分に1回は回線が切れて再起動しなくてはいけない状態にある。

なのでこの日記も5分以内に書き終えなくてはならない。

っていうか今上の文を書いた時点で4分経過している。もうすぐ切れる。

残り1分でみんなに伝えられること。それはやはり僕の性癖についてだろう。

ぶっちゃけ僕の性癖は冷たいテツの棒みたいのでぼくのするどいk

2007/04/22（日）負け

人力舎に野田オリン●ックという芸人がいるらしい。

なんだかよくわからないけど負けた気がした。

> 鬼ヶ島の野田さんだったとさ。

2007/04/24（火）「TSUTAYAの店員にトホホ」の巻

ＴＳＵＴＡＹＡでＤＶＤを返すとき毎回店員が「画質に乱れた箇所はございませんでしたか？」と聞いてくる。

「ありました」と答えるとその場でそのＤＶＤを掃除し始める。

そして終わると店員は「これで大丈夫です」と笑顔で言う。

よく意味がわからない。俺全然大丈夫じゃない。俺のとき乱れてた。やっといてほしかった。

あと、AVを返すとき「乱れてましたか?」と聞かれると返答に困る。内容が乱れていたのは確かだ。

あと、この前一度店員に「楽しかったですか?」と聞かれたことがある。

おまえ誰だよって思った。死ねばいいのにって思った。


聞かれるかい。

2007/05/01(火) 桃太郎(バッドエンドVer.)

むかしむかしあるところに、おじいさんとおばあさんが川上からドンブラコドンブラコと流れてきたとさ。

終

2007/05/02(水) 人間は動物なのだ

人間は動物であることを忘れてしまっている。

友人と合気道の話をして、そのことに気がついた。

いつの間にか「理」から遠ざかり、先入観で体を無駄に使ってしまっている(バガボンド24巻参照)。

友人と腕相撲をしてみた。僕は必死に腕相撲で勝とうとした。一方彼は僕の手を床につけようとした。握っててもわかる。彼の腕にはほとんど力が入っていない。しかし負けてしまった。不思議な感覚だった。

体の使い方は一番体が知っている。しかしいつの間にか人間は社会的な先入観によって無駄な使い方をしてしまっているのだ。

パンチをするのではない。人に拳を当てるのだ。

そしてその当てる方法を更に効率良く練るのが人間のはずだが、むしろ以下になってしまっている。

人間はきっとすごい。しかし「社会」という先入観によって、せっかくの力を消してしまっている。
もし人間が動物に戻れたのなら、素晴らしい力を発揮することができるだろう。
そう信じ、今日も僕は股間に手を添えた。

2007/05/04（金）第1回・野田大喜利

お題：恐いといえば「地震、カミナリ、火事、親父」ですが、これよりも更に恐いものとは？

答え
・雷雨
・祖父
・右ストレート
・目が7つある人
・二次災害
・残り5秒の仙道
・ふと気配がして後ろを振り向いたら誰もいなくてホッとして向き直った瞬間
・昨夜見た夢
・黄色い線の外側
・ストIIのベガ
・カッターで刺してくる親父
・ずっと弓を構えてる人
・蜂

お題お待ちしています。

残り5秒の仙道が一番恐い。

2007/05/14（月）村上へ

もうすぐお芝居が始まる。

忙しすぎて村上とネタ合わせをする時間がない。
たぶん村上はこの日記を見てるだろうから、手っ取り早くここに次やるネタの台本を書いとこうと思う。
ただ、まだ未完成で大まかにしかできていないのでよろしく。

漫才【宇宙には何があるんだろう?】

村上「はいどーもー」
野田「(天井からロープで降りてきながら) はいどーもー」
←
村上「宇宙人に会ってみたいなぁ」
野田「だよねー」
なんか宇宙の話をする。
←
野田「じゃあそろそろ宇宙に帰るよ」
村上「えええ!! 野田くん宇宙人だったの??」
(平原綾香のJupiterが流れる)
←
(野田が空に浮かんでいく)
村上「野田君!!」
(野田、Jupiterを歌いながら空に浮かんでいく)
←
村上「じゃあ僕は高円寺に帰るか」
(悟空の瞬間移動のポーズで小走りで退場)
(暗転) 終わり。

こんな感じだからよろしくね。

2007/05/16(水) お芝居が始まる

今日からお芝居が始まる。

思えば2ケ月間、お笑いとお芝居のギャップに悩まされた。

ではここで、お笑いとお芝居の違いを教えよう。

お芝居

・稽古の段階で本番の舞台を想定した練習をする

・小道具がすべてリアルで、お客さんの目につかないものですら手のこんだ物を作る

・役作りのために髪型・服装・身なり、すべてがチェックされる

・お客さんを第一に考える

お笑い

・ファンを食う

・役作りのためにヒゲをペンで書く

・楽屋で騒ぐ

・「ここがゲームセンターかぁ」って言う

・落ちてるものを食べる

・朝は自転車に乗って空き缶を集める

やっぱりお笑いの方が楽しいと思う。

最初に「コント、ファミレス」って言う。

2007/05/24(木) 生まれ変わった村上

5月22日までマヂカルラブリーの活動はなかった。

この5月はお互いがピンで活動した月。ある種、村上と僕の武者修行の月である。

「生まれ変わろう」と言って別れた4月の最後。たかが3週間ぶりに会った村上が大きく見えた。僕はすぐに「こいつ何か見つけたな」と思った。

その日のライブは見事1位をとり、お互いがやってきたことの成果が存分に発揮された。

僕は村上に聞いた。「この3週間なにをしてたんだ？」

すると村上は親指を立て自信に満ち溢れた表情で「バイト」と言った。

新しいバイト先を見つけ、生まれ変わった村上に僕は昇龍拳をプレゼントした。

2007/05/27（日）池袋にて

世間的には僕はお酒が「弱い」とされる人間だ。

しかし言わせてほしい。飲んだ物を吐くということはそれを拒絶しているということ。

つまり僕はお酒を拒絶している。「お酒」という、人を安易に快楽の道へと誘い込む魔物を拒絶している。お酒に負けない男。むしろお酒に「強い」男なのではないだろうか。

常にクールビューティーを目指す僕は、たかが麦で作ったジュースにその芯を崩されてたまるかと、体がお酒と戦っている。

つまりビール2杯で吐いた僕はお酒に勝ったんだ。

「はいはい」と笑顔で答え、僕の背中をさする村上の手は温かかった。

2007/06/01（金）今日のヤフーニュースで見たやつ

すごい事故があったみたいだ。

【メガネに落雷、自転車の男性ヤケド負う】

「31日午後5時15分頃、府中市日吉町の歩道で、自転車に乗っていた41歳の会社員の男性のメガネに突然、雷が落ちました。男性はその場に転倒し、病院に運ばれ手当てを受けていますが、頭と右腕をヤケドするなどの軽傷で、命に別状はないということです」

すごい。これが今年多発したらすごい。たぶん世界の50人くらいの人が同時に「メガネ死ね」って本気で思ったから起きたんだと思う。

っていうか軽傷ってすごい。頭と右腕をヤケドっていうのがすごい。目を怪我してないのがすごい。こういう時のためにメガネってあるんだなって思った。

雷がメガネに落ちたその瞬間をたまたま見た人は、この男性が目からすごい電撃を放ったように見えるんじゃない？

なんていうか、とりあえずコンタクトにしようと思った。

2007/06/05（火）いいから働け

隣の部屋から「僕が言いたいことは〜〜〜〜〜〜〜〜〜〜〜」って声が聞こえる。兄貴だ。また兄貴がサンボマスターらしき曲を歌ってる。

僕はすぐに兄貴の部屋に行って「うるせい」と怒鳴った。するとと兄貴は「今録音してるから静かにして」と言って、また「僕が言いたいことは〜〜〜〜〜〜〜〜」って言い始めた。

夕食になってもずっと練習してた。母は怒りのあまり餃子を直火で焼いていた。

しかし兄貴の歌声は鳴り止むことがなかった。

数日後、家のポストを見てみると、兄貴宛てに音楽プロダクションから封筒が来ていた。気になって中身を見てみると、そこには「不合格」と書かれた紙が入ってた。

早く就職してほしいと思った。

2007/06/07（木）遅刻

バイトに寝坊した。4時間遅刻した。4時間勤務で4時間遅刻した。もはや弁解の余地はない。
僕はバイト先の前で、どうやって職場に入ろうか悩んだ。次の4つのうち、どれかを選ばなくてはならない。

1、申し訳ありませんでした！　と言ってカミソリを手首に当てたまま登場。
（その後の展開）↓「おいおい。君そんなにすることないよ。さぁお茶でも飲んで」ってなる。

2、バイトに遅刻はしたが、人を助けるというのは気持ちがいいもんだな。と言って登場。
↓「いや、君は遅刻なんかしてない。むしろ早いくらいだ!!」ってなる。

3、さて、そろそろ帰るか。と言って登場。
↓「ははは。なんて気さくな奴なんだ。さぁお茶でも飲んで」ってなる。

4、中指を立てて登場。
↓「若い頃の俺にそっくりだ。さぁお茶でも飲んで」ってなる。

2を選び、見事土下座するはめになった。

2007/06/11（月）演技レッスン2

また演技レッスンに行ってきた。
今日の授業は「犬、猫になりきる」というもの。
僕は昔、家でたびたび猫の鳴き声のマネをして「うちは猫を飼っている」と兄貴に3ヶ月間信じ込ませたことがある。だから自信がある。

先生が「じゃあ始めます」と言った。「ワン」と返事をしたら軽く舌打ちをされた。良かれと思ってやったので後悔はしてない。

さっそくレッスンがスタートした。やっているうちに自分が人間であることを忘れた。僕は犬だ。僕は猫だ。終いには早く人間になりたいと思うほどだった。そして先生が手を2回叩き、レッスンは終了した。僕はすぐに先生に「どうでしたか？」と聞いた。すると先生は満面の笑みで「なんか気持ち悪かった」と言った。

演技というのは奥が深い。

2007/06/12（火）小学校の思い出

小学生の頃のアルバムを見ながら、あの頃の思い出を振り返ってみた。

あれは3年生のとき。学級会で取り上げた議題で「野田君はこのクラスに必要かどうか」というのがあり、多数決で決めたことがある。意味がわからなかった。しかも5：5だった。

そういえば飼育委員だった。生まれてきたうさぎの赤ちゃんがすぐに死んでしまって、泣きながらそのうさぎの赤ちゃんのお墓を作ってあげたのを思い出した。

そのあと帰りのホームルームで「うさぎを殺したのは野田君かどうか」を多数決で決めたことがある。6：4で「野田君が殺した」に決まった。

あと「野田君は遠足に行くかどうか」を多数決で決めたことがある。それは自分で決めさせてくれよって思った。

そして小学生最後の卒業式で、「野田君は卒業しても良いかどうか」を多数決で決めたことがある。

満場一致で「良い」だった。僕は泣いた。「ありがとう。ありがとう」と言いながら泣いた。

そして僕は見事卒業することができた。


今思えば、なんで僕だけ多数決をとったのか不思議でならない。

2007/06/13(水) さよなら。インポテンツ

僕は昔、辛いことがあるとすぐにインポテンツになる癖があった。

一度、『バガボンド』の7巻にコーヒーをこぼしてインポテンツになったことがある。8巻のときはならなかった。

なんでもかんでも悲観的に考える癖があり、その癖が生んだ心の病と言えるだろう。

僕はもう諦めていた。どうせずっとこのままなんだって。

これが僕の人生なんだって。

そんなときうちの母がこんなことを言った。

「どんな辛いことも、きっとそれは楽しい思い出に変わるのよ」

僕は変わった。

どんな辛いことでも前向きに考えるようになった。

それがきっと楽しい思い出に変わると信じて。


それ以来僕はインポテンツになることはなかった。


これもすべて、あのときくれた母の言葉。

そして、毎回斬新な企画をお届けするソフト・オン・デマンドのおかげである。

2007/06/14（木）うちの教育システム

普通子供には「お箸を持つ方が右手」と教えるが、うちは「お箸を持つ方が利き手」と教えられてきた。未だに右がどっちだかわからない。

2007/06/15（金）どうでもいい話

駅の上りエスカレーターを必死で下るおじいちゃんがいた。

「間違えたー」と叫んでた。

2007/06/16（土）子供相談室

TBSラジオに「全国こども電話相談室」という番組がある。

子供からいろんな質問が寄せられるのだが、やはり最近の子供のレベルは高い。

いくつか質問の例をあげよう。

・地球のマグマは電気やエネルギーにできますか？

↓なにをする気だい？

・ロボットは何kgですか？

↓何かを勘違いしてるな？　きみ。

・「危ない」は危険があるのに、どうして「危ある」じゃないの？

↓なんで怒ってるんだい？

・もったいないオバケって本当にいるんですか？

↓どこ情報だい？

・人間はどうして戦争をするのですか？
↓少し時間をくれるかい？
・転校生とすごく仲良くなれたんですが、とても嬉しかったです。
↓質問は？
・人生ってなんですか？
↓僕を試してるのかい？

うーん。最近の子供はレベルが高い。

2007/06/17（日）夢は必ず叶う

小さい頃、僕は母にこんなことを聞いた。

「どうやったらサンタさんになれるの？」

すると母はこう答えた。

「おもいやりがある人がなれるのよ」

僕は満面の笑みで聞いた。

「じゃあ僕にもなれるかな？」

すると母はこう答えた。

「そうねぇ。ひかるならきっとなれるわよ」

僕はその日以来、サンタさんになることを夢みていた。

20歳になった僕は今、郵便局でアルバイトをしている。

言わばリアルサンタだ。

「いやぁ。夢って叶うものなんですね」と課長に言ったら「いいから働け」と言われた。

今日も僕はお客様のために、手紙とおもいやりを届けにトナカイみたいなのに乗る。

これもすべて、あのときくれた母の言葉。

そして、毎回斬新な企画をお届けするソフト・オン・デマンドのおかげである。

2007/06/18（月）日記

この「野田の日記」は日記のくせに、その日あったことなどほとんど書いていない。

実際の私生活にオチなどなく、書いてもつまらないのだ。オチだけ嘘でいいなら書こうと思う。

6月18日。

今日僕は法政大学のライブに出演した。

出番は最後で、ゲスト扱いだったのでとても緊張したが、なんとか無事終えることができ、アンケート票も1位を取ることができた。

これもすべて村上のおかげだなと思って、村上の方をチラっと見ると、村上の背中が割れて中から本体が出てきた。

もうそんな時期か、と思い僕は村上をそっと野原へ逃がした。

2007/06/19（火）日記2

この日はとしかわトークに出演した。

お客さんはとても少なかったが、トークも大喜利も順調で気持ちよく終われた。

これもすべて村上のおかげだなと思い、ふと村上の方を見ると、村上が半透明になっていた。

村上は「そろそろお別れのようだ」と言った。

としかわトークの出演者はこの急なお別れを悲しんだ。アルコ＆ピースの平子さんは大声で泣き崩れ「おれはおめぇーのことぜってぇーわすれねーかんな！」と絶叫した。

そして村上は「さよなら」と言って、そのまま消えた。

帰り、井の頭線で彼を目撃した。

2007/06/21（ホ）NSC

用事でNSC（吉本総合芸能学院）に行ってきた。

神保町に新しく移り、とても綺麗になっていた。

そして用がある事務室に行こうとしたところ、警備員の人に止められる。場所が移り、新しく警備も整えられたようだ。

「あんた誰だ？」と疑心暗鬼で僕を見る警備員。

僕は「マヂカルラブリーの野田です」と言った。

すると警備員は「は？　マヂカルラブリーの野田？　なにそれ？　あだ名？」と言った。「いや、芸人です」と答えると「うさんくさいなぁ。ちょっと係りの者呼んで来るから」と言って、会社の人間を呼び出した。こっちとしては都合がよかった。会社の人間ならわかるだろう。

そして会社の人間が来て「あっマヂカルラブリーの野田です」と挨拶をすると、「え？　だれ？」と答えた。

すると警備員は「ほらーやっぱり怪しいと思ったんだよ」と俺をつまみ出そうとした。

僕はとっさに「元、役満の野田です」と言った。すると会社の人間は「あぁ君か」と答えた。

同時に警備員も「あぁなんだ元、役満か」と答えた。

知らないだろって思った。おまえ役満知らないだろって思った。

2007/06/22（金）雨の日のすごし方

自分の部屋を探索した。僕はこうやって探索とかするのが大好きだ。

そこで押入れから木刀が見つかった。

なんかすごい嬉しくなって、はしゃいだ。『バガボンド』を読みまくってたから、真似して部屋の中で振り回しまくった。

そして何も家具にぶつけることなく、飽きて木刀を押入れにしまった。

数時間後、となりの部屋から「ひてんみつるぎ流」という声と同時にガシャンという音がした。

急いで行ったら、兄貴が木刀でテレビの画面を割っていた。

僕はそっと『バガボンド』1巻を置いて部屋に戻った。


終わり。

2007/06/23（土）ギブアップ

この日は何もすることがなかった。

何か日記に書けるようなことをしないと、と思いとりあえず全裸になった。

そして何かが起こることを願い、4時間が経過した。

今全裸でこの日記を書いている。


この前何か書くことを見つけるために、1時間猫を追いかけまわした。

2007/06/29（金）また一つ成長した

自分が白目のときの顔を見ようと鏡の前で悪戦苦闘した。

3時間後、絶対に見れないことに気がついた。

2007/07/02（月）中華街

兄と横浜中華街の高級中華料理屋に行ってきた。

玄関からすでに高級な雰囲気で、綺麗なお姉さん2人が部屋まで案内してくれた。兄は「まるでソープみたいだな」と言った。そのあとすぐに「あっいや、別にソープ行ったことあるわけじゃないからね」と顔を真っ赤にして言った。

黙ってほしかった。

さっそく料理が運ばれてくる。兄のテンションはピークに達した。「蓋あけていいの？　蓋あけていいの？」と店員に聞いたのち「さん、にぃ、いち」と言って蓋をあけた。立ち込める湯気の中、正体を現したのはチャーハンだった。兄は「普通！　チャーハン普通！」と騒いだのち「しょっぺぇしょっぺえ」と言いながらガンガン口に頬張った。

そして満腹になり、会計を済ますため店員を呼んだ。

「2万4000円になります」

兄のテンションは一気に下がった。

「2万4000円って」と呟いた。

帰り、兄は自分の財布を見てため息をつき「まるでソープだな」と言った。

2007/07/07（土）七夕

中学1年生のとき。

あの日僕はとある深夜番組を見た。まだ無名の若手芸人達がネタを披露する番組。「どうせ大したことないだろう」と思って見始めたが、静かなはずの夜中に僕の笑い声が響き渡った。すべてを忘れ、腹がよじれるくらい笑った。その日は七夕。僕は短冊に「面白いお笑い芸人になれますように」と書いた。


あれから8年。

面白いかどうかは知らないが、芸人になることができた。

あの頃思い描いてた世界とは程遠いが、それでも毎日充実した芸人生活を送っている。

僕は思う。「願い」というのは神様に送るものではなく「未来の自分」に送るものだと。

あの日手を合わせたとき。願いを呟いたとき。目の前にいたのは神様ではなく未来の自分だった。

そして僕もまた今日、未来の自分へと夢を託す。

短冊に書いたのは次なる目標。

「二度とオナニーをしませんように」

僕のささやかな願い。叶えてくれよ、未来の自分。

そう願い、そっと股間に手を添えた。


未だ願いとどかず。

2007/07/19（ホ）僕達の国

不正アクセスにより1週間以上も「魔法のiらんど」がストップしてしまった。

これにより一番被害を受けたのが我らインディーズ芸人（人は僕らをスーパー素人と呼ぶ）。

基本的にみんなホームページが「魔法のiらんど」（5分で作れるから）。

なのでライブの告知ではみんな「僕らホームページがあります」と言ったあと「見れませんけどね」と付け足すはめとなった。

気のせいかライブスケジュールが見られないためお客さんも少ない。

どんどん痩せ細っていく芸人たち。

失って初めて「魔法のiらんど」の大切さに気づく。

「魔法のiらんど」の「i」はインディーズ芸人の「i」。

魔法のインディーズ芸人らんど。

僕達の国へようこそ。

2007/07/20（金）チャレンジャークリスタル

「肉まんにダンボール入れてたのは捏造」だって。

なんかこれを聞いたとき、小学校で自分が歯を1週間磨いてないって友達に暴露したら想像以上に引かれたので慌てて「うそうそ」と誤魔化したのを思い出した。

中国政府がテレビ局に「捏造ってことにして誤魔化そうぜ。いえーい」みたいな圧力でもかけたんじゃないのか（事実無根です）？

そもそも「肉まんにダンボール入れる」なんてモダンタイムスでも思いつかない。いや、もしかしたら番組プロデューサーが天才的で「肉まん→肉の色は茶色→茶色と言ったらダンボール→よしダンボールを肉まんの中に入れよう」っていう奇跡的なまでの連想力で世界を震撼させたという可能性もゼロじゃない。

でもちょいと無理があるぜ。捏造を捏造したはずさ。

そうでないと困るんだ。

試しにダンボールを少し食べてしまったんだから。

2007/07/27（金）こんなもっちは嫌だ

有刺鉄線さんとギフトさんが解散したというのを最近知った。有刺鉄線HPのBBSはすごいことになっている。別れを惜しむファンの方々からのたくさんの書き込み。これを見るだけで有刺鉄線さんがたくさんの人に支えられて活動してきたということがわかる。なんと感動的なのだろう。

ちなみに僕は過去に「アンビシャス」というコンビを組んで2ヶ月で解散し、それをHPで伝えたところ訪問者数が7人しかいかなかったことがある。これを見るだけでアンビシャスがどれだけ期待されてなかったかがわかる。

ちなみにそのときの相方は今「天下統一」というバンドをやっているそうだ。キーボードらしい。

是非頑張って天下統一してほしいと心から願うわけでもなく、僕は有刺鉄線のもっちが[redacted]ですよ。」という芸名で「ヴっかけライブ」に出ている夢を見た。

それよりヴっかけライブってなに？

2007/07/31（火）麻美ゆまのAVみてる場合じゃない

20歳にしてようやく体験した。みなさんはもう味わっているると思うが。だいたいこのくらいの年になると体験し始めるのだろう。

それは久しぶりに会った同級生に言われる言葉。

「私子供がいるの」

えぇ？ってなる。でぇへへぇってなる。つい最近までマスターベーションとスタンディングオベーションの違いもわからなかった奴である。

もうそんな年なんだなって思った。もう大人なんだなと思った。

いいかげんプリン食べてる場合じゃない。プリン食べるときスプーンが見当たらなくて「スプーンなきゃプリン食べないし」って親にダダこねてる場合じゃない。『ネギま！』読んでる場合じゃない。

僕もいつか結婚するのだろうか。その日は近いのか遠いのか。生まれてきた子供は僕に似てるのだろうか。そしたらたぶん収拾がつかなくなると思う。

2007/08/04（土）夏風邪は大変だ

風邪をひき病院へ。

病院に来るのは久しぶりだ。ハトと触れあいすぎて変な病気に感染して以来だ。

診察室に入ると、医者が椅子を半回転させてこちらの方を向き「どうぞおかけになってください」と言ってニコッと笑った。ちょっとイラッときた。

さっそく胸に聴診器を当てられる。

聴診器を当てられている間に生まれるこの沈黙が僕は嫌いだ。なんで上半身裸にさせられたあげく鉄の何かを乳首に当てられ沈黙しなくちゃいけないのか。僕が外国人だったら殴っているところだ。せめてちょっとした音楽をかけてくれないと気が狂いそうになる。

看護師もカルテを片手に何かを書いている。ないないない。書くこと絶対ない。

それが終わると僕は医者に「下痢が激しい」ということを伝えた。すると医者は「夏風邪は下痢みたいなもんです」と言った。僕は思わず「え？」と聞き返した。

夏風邪は下痢が主な症状という意味なのか、それとも夏風邪なんて所詮下痢のような存在という意味なのか。

そして最後に医者は「お薬出しときます。お大事にどうぞ」と言って、椅子を半回転させた。僕はそのとき机にヒザが当たったのを見逃さなかった。

2007/08/05（日）すけだち

知り合いのコネで「すけだち」という舞台を観に行った。松浦亜弥さんと筧利夫さんが主演でその他たくさんの有名人が出ていた。最終的に宇宙人を倒して筧利夫さんが天に召されてみんなで合唱するという終わり方だったが、これだけ有名人が出れば内容はともかく満足だ。

帰りに地元の商店街で単2の電池が格安で売っていたので衝動買いした。ただ単2の電池は全然使わないのですごく後悔した。単2の電池買わなきゃよかった。

2007/08/12（日）僕の願いを叶えてください

先週は休みをもらっていた。7日間の休み。僕はこの休みの間に高校生のときクリアできなかった「ナポレオン」というゲームをクリアすることにした。

いわゆる戦争シミュレーションなのだが、たくさんのフランスの有名人が登場する。

20面くらいでノストラダムスがボスとして登場する。テレポートで軍を翻弄する。そしてノストラダムスを倒すと戦場は地獄へと移る。ラスボスはマリー・アントワネット。波動砲を撃ってくる。食らうと一撃で死ぬ。

僕はこのゲームを1週間でクリアした。

この1週間なにをしていた？　と聞かれれば、僕は「フランスを統一していた」と答える。

時間よ戻れ。

2007／08／16（ホ）たくさん血が出るところ教えて

吉本新人発掘ライブに出てきた。マギカルラブリー、吉本初参戦。

そして結果は2位。殺す。1位殺す。

このライブは30組中1位じゃないと勝ちあがれない。だから1位殺す。1位「こてつ」。よし後輩。後輩だから殺す。たくさん血が出るところ刺す。

結果を見たとき体が重くなるのを感じた。また来月も1分ネタをやらなくてはならない。

こっちも観に来てくれるお客さんに対して心が痛む。

1分ネタでもいい人。誰か来月も観に来てくれないか。

あぁ負けた。腹が立ったから免許証の写真に銀紙を貼って、コインで削ると俺の顔が出てくるみたいにしよう。

2007／08／20（月）ライブ前

ライブ前の緊張感漂う楽屋。

僕は本番に備え、精神統一をしていた。

しかしそんなとき、母親から1通のメールが届いた。

「携帯バイブレーションってどうすればＯＦＦになるの？」

僕は思わず「え？」と聞いてしまった。

携帯バイブレーションってなんだろうか。

便利そうな感じはした。

2007/08/23(木) 明後日はバイトだった

吉本若手運動会に出てきた。

吉本若手芸人が決勝戦出場をかけて、いろんな競技に挑む。

お客さんもかなり入ってくれていて、盛り上がった。

総勢240人の芸人。

出待ち、入り待ちをしているお客さんは僕らのことなど完全にシカト。

ワーキャー言われてる先輩芸人さんを横目に村上と一緒にウーロン茶を買って帰った。

「早く売れたいね」と僕が言うと村上は明後日を見ながら「うん」と答えた。

「話聞いてないでしょ?」と僕が言うと村上は明後日を見ながら「うん」と答えた。

僕は構ってもらいたかったので自慢のステップを披露した。すると村上は「ジャマになるよ」と言った。

僕は明後日を見ながら「うん」と答えた。

ウーロン茶はすごく冷えていた。

2007/08/28(火) 親友の芸名を考えた

元、有刺鉄線のもっちさんがピンで活動を再開するらしい。

僕はもっちさんのために新しい芸名を考えてあげることにした。

・●●
・GA●●●●
・ガ・偉●
・そとひと
・タト人
・ガイガイガイガイ●

長考の末、右記の6つを思いついた。

もっちさん、どうぞお使いになってください。

2007/08/29（水）とある日のエレベーター

バイトに遅刻しそうになって、僕は急いでマンションのエレベーターに乗った。

時計を気にしながら遅刻の言い訳を考えていると、9階でおばさんが乗ってきた。

おばさんはずっと「開く」のボタンを押していた。そしておばさんは「まだ乗れる。まだ乗れる」と言って、向こう側にいる子供に手招きをしていた。

とにかく早くしてほしかった。しかし子供は僕のこの焦りに気づいているのか、悠然と歩いていた。

おばさんは開くのボタンをずっと押しながら「まだ乗れるから。まだ乗れるから」と子供に言った。

「開く」を押してるおばさんのさじ加減だと思った。

子供はゆっくりとこのエレベーターに乗りこんだ。

これでようやく出発すると思った矢先、子供は何故か8階を押した。

おばさんは「なんで8階押したの？」と聞いた。すると子供は「階段で行った方が早い」と答えた。

それなら最初から階段で行ってほしかった。

そして子供は8階で降りて、ものすごいスピードで階段を駆け下りていった。

僕は先を急いでいるので、すぐに閉まるのボタンを押した。

すると何故かエレベーターは6階で止まった。そしてドアが開くとそこには先ほどの子供が勝ち誇った顔でこちらを見ていた。

おばさんは「すごーい。ひろちゃんはエレベーターより早いのね」と褒めた。

僕は6階で降りて階段で行った。

このエレベーターよりも早く下る自信があったからだ。

2007/09/04(火) クリスタルガイザー

僕の兄はクリスタルガイザーをやたら飲む。

僕が「ただの水じゃん」と言うと「水じゃないよ。クリスタルガイザーだよ」と答えた。

「水道水でいいじゃん」と言うと「水道水よりもクリスタルガイザーの方がうまい」と答えた。

「うまいの?」と聞くと「クリスタルガイザーはうまい」と答えた。クリスタルガイザーって言いたいだけだろと思った。

僕はこういう、ただの水を買う人の気がしれない。

水道水とどう違うのだろうか?

兄はこの前、公園の水道水を飲んで「クリスタルガイザーに似てる」と言っていた。よく意味がわからなかった。

しかし、この前僕が試しにクリスタルガイザーの入れ物に水道水を入れて渡したところ、兄は「これはクリスタルガイザーじゃない」と答えた。

わかるものなのか、と感心した。

その後兄は「これはただの水だ」と言った。

クリスタルガイザーも一応ただの水だと思った。

2007/09/08(土) M-1グランプリ

今日はM-1グランプリ予選。去年はピンだったため出場しなかったが、今年は出場した。

以前僕が出たときはパナソニックセンターという大きな会場だったが、今回はシアターD。案内ハガキに「控え室はございません」と書かれていて困惑した。

階段にずらっと並ぶ芸人達。ここにいる人たち全員が何かしらの達人だ(『ハンター×ハンター』より)。

階段に緊張感が漂う。女性スタッフの露出度が高い。興奮する。

舞台の袖にはカメラが用意されている。僕達が緊張してる様を撮ってやろうというこんたんだ。

僕はカメラの前で自分の乳首をこりこりした。これで100%使われない。

そしていざ舞台へ。

結果は無事1回戦を通過。

実際出てみて、客層的にM－1グランプリというよりも疾風迅雷ライブという感じがしたのは否めないが、でも通って良かった。

あと、マヂカルラブリーがエントリー上「男女コンビ」ということになっていたのも気になった。

乳首こりこりしなきゃよかった。

2007/09/13（木）郵政民営化するにあたっての10のこと

10月から郵便局は民営化する。

おそらく皆さんは「民営化したら何が変わるの?」という疑問をお持ちでしょう。

ということでわたくし、郵便会社非常勤職員が今から「民営化すると変わる10のこと」を教えましょう。

1、郵便配達、窓口、保険、郵便貯金、それぞれの業務が、郵便事業会社、窓口ネットワーク会社、郵便保険会社、郵便貯金会社に独立する。

※つまり別会社になるので、配達してる人に窓口のことを尋ねても全く分からないということ。

よろしくお願いします。

2、配達員がより精密な機械を使い、セキュリティも改善される。

※配達員がそれぞれ携帯端末機を所持するようになり、これによって郵便追跡情報などがより正確になります。

よろしくお願いします。

3、制服が変わる。

※お客様のこれまでのイメージを一新し、新たなスタートを切るという意味で制服を変えることになりました。

よろしくお願いします。

4、配達員の営業等の業務が盛んになる。

※ゆうパックやエクスパック等の販売の業務が改善されます。

これまでの郵便事業は赤字でしたが、これからは黒字にしなくてはいけません。

よろしくお願いします。

5、僕がクビになる可能性がある。

※よろしくお願いします。

6、僕の腕が3本になる。

※よろしくお願いします。

7、エチゼンクラゲの大量発生がストップする。

※よろしくお願いします。

8、マンホールから吹き出た水の勢いで僕が宇宙へと飛び立つ。

※よろしくお願いします。

9、僕の語尾が「でやんす」に変わる。

※よろしくお願いします。

10、しもきた空間リバティに楽屋トイレがあったことに気がつく。
※よろしくお願いします。

こんな感じです。

これからも郵政公社をよろしくお願いします。

2007/09/19(水)『スラムダンク』大好きっ子ちゃん

中学生時代。僕は『スラムダンク』に影響されてバスケ部に所属していた。

僕はバスケをしているとき、常に『スラムダンク』が頭をよぎっていた。

大事な試合で負けたとき、僕は「自分の責任だ」と言って坊主にしたのを今でも覚えてる。まるで桜木花道のように。監督はひと言「試合出てないのに」と呟いた。

あと、桜木花道のように髪の毛を赤く染めて出場しようとしたら出場停止になった。

それでも僕は試合に出たくて、監督に「先生! バスケがしたいです!」と言ったら「いや帰れ」と言われた。

現実世界は漫画のようにうまくはいかない。

「恋愛と同じですね」と監督に言ったら「いいから帰れ」と言われた。

2007/09/25(火)足りない物を補う

馬鹿だけどその分運動ができる。足が不自由な人は腕力が強い(らしい)。

目が見えない人は、それを補うために聴力が発達している(らしい)。

人間は常に自分の足らない物を他で補うようにできている。

ちなみに僕は、手は不器用だが、舌の動きがやたら早い。

人間の神秘なんだよ。

と女性に言ったら、「とりあえずワキ臭い」と言われた。

ワキの臭さはエイト・フォーで補った。

2007/09/26（水）彼は先輩

昨日は吉本AGEAGEプロジェクト（発掘ライブ）。無事1位で昇格することができて、僕はほっとした。

ところで、村上は昨日のライブに自分が所属していた法政大学のお笑いサークルの後輩を招待していたようだが、ライブ終わりに後輩と話しているあいつを見ると、そういえばこいつ年上なんだなと改めて実感する。

後輩といえども、考えてみれば僕と同い年。

もしも僕が法政大学に入って、お笑いサークルに入っていたなら、村上は先輩ということになる。

僕が後ろに手を組んで、あいつがテーブルに足をのっけて踏ん反り返りながら僕にダメ出しをする様を思い浮かべた。

そう考えると何かとても腹が立ってきたので、村上の顔写真をA4でプリントアウトして郵便と一緒に配達しようと思った。

2007/10/01（月）今日から民営化

郵便局が民営化した。

僕は郵便局でアルバイトをしているため、今日は慌ただしい。

まず、それぞれが携帯のような機械を所持するようになった。課長に「これは何に使うんですか?」と聞いたら「私にメールができる」と言った。「いらねーよ」とみんなで言った。

結局民営化して何が変わったんだろうか? よくわからない。課長に「民営化すると何が変わるんですか?」と聞いたら「変わるんじゃない。変えるんだ」と言った。「え?」と言ったら課長も「え?」と言った。

こうして僕たちは郵便会社として新たなスタートを切ったのであった。

(次週、課長が課長代理に降格?!)

2007/10/07(日) あれから僕は頑張ったんだなって思った

昔のネタ帳を見つけた。

高1の頃に書いたネタ帳。パラパラとめくっていくと、僕はとあるショートコントが目についた。

・ショートコント　魚釣り

釣り氏「よーし魚釣ろうぜ」

魚「きっと釣られるんだろうな」

釣り氏「それ!」

(長い沈黙)

魚「って隣の魚かよ」

釣り氏(ツッコむ)

いろいろ疑問点はある。

とにかく「釣り氏」が気になる。釣り氏ってなんなのか。釣り氏は最後なにかツッコまなくてはならない。釣り氏すごい。もう釣り氏が気になって仕方がない。

僕はここからスタートしたんだなとしみじみ思った。

2007/10/09(火) 寝る

今日はAGEAGEチャレンジ。出順はトップバッター、ある意味チャンス。意気込む僕たち、臭うワキ。そして結果8位惨敗。後輩のこてつは出順2番で2位。こてつ殺す。

才能あるやつ殺す。

作家さんが僕たちに苦笑いで「いやっそんなに悪くなかったよ」と声をかける。生かす。生かす。作家生かす。こてつ殺す。生かす殺す。イカスクロス。スカトロス。スカトロズ。スカトロズ単独ライブ。スカトロズ単独ライブ「明日は我が身」。

もうよくわかんないから寝る。

2007/10/14(日) 実話

今日はアルコ&ピースさんの結婚式。僕は久しぶりにスーツを着てスクーターにまたがり会場へと向かった。

最寄駅に到着。スクーターから降りてエンジンを切る。

そこで僕は気付いた。

靴がスニーカーだ。

僕は焦った。慌てて携帯の時計を見た。まだ間に合う。

僕は急いでスクーターにまたがり引き返すことにした。

道路は渋滞。車のワキをすりぬけて走る。僕は急いだ。更に急いだ。

そして車に衝突。

衝突する瞬間スローモーションになり、なぜか頭の中でおしりかじり虫が流れる。

やっちゃった。

幸いケガはなく、相手の車も頑丈で擦りむいただけだった。

警察が来て状況を聞かれた。僕は丁寧に説明した。前方の車のウィンカーが直前でついたこと。スピードは少し落としていたこと。おしりかじり虫が頭の中で流れたこと。

警察は頷いた。事は大きくならず、僕は帰宅することができた。

とりあえず一服する。しばらく呆然としたまま、とりあえず僕は結婚式に向かうことにした。

頭の中は真っ白だった。

ぼーっとしたまま僕はスクーターに乗り、最寄駅に着いたとき、またスニーカーを履いてることに気がついた。

2007/10/19（金）来月は誕生日

14歳の誕生日。今日が自分の誕生日であることを僕は忘れていた。家に帰ると誰もおらず、テーブルの上にはケーキが置かれていた。誰のかは知らないが、とても美味しそうだったので僕は一口そのケーキを食べた。するとその瞬間兄貴が急に飛び出してきて僕を怒鳴り散らした。「おめぇなに人のケーキ食べてんだ！」

僕は泣き出し必死で謝った。兄貴は僕の胸ぐらを掴みおもいっきし殴った。僕はワンワンと泣いた。すると袖から母がでてきてバースデーソングを歌い始めた。続いて兄貴も歌い始めた。そして兄貴は「ドッキリでしたぁ」と満足そうにそう言った。

僕は「なーんだ。びっくりした」と言って一緒に笑った。こうして素敵な誕生日を迎えることができた。

今になって僕はふと思う。

殴ったらダメじゃないだろうか。

全然ドッキリじゃない。殴ったらドッキリじゃない。全然嘘じゃない。被害こうむった。

その日の夜、スクーターで帰宅した親父は赤いヘルメットをかぶっていた。

奇跡だと思った。


2007/10/23（火）僕らは20歳になり

今日は吉本のAGEチャレLIVEだった。

結果は4位で、たぶん昇格も降格もしないと思う。お客さんも温かく、とても良いライブだった。

ところで今日ライブ終わりに、とある1人の男に話しかけられた。朝倉という男だ。こいつは小学校・中学校の同級生で、同じ元バスケ部。よく一緒に遊んでいた。

僕はまさかこんなところで会うとは思わず戸惑った。

「見に来てたんだ」と恐る恐る声をかけた。すると朝倉はこう答えた。

「相方がＮＳＣ11期生なんです」

僕は驚きのあまり持っていたワイングラスを床に落とした。

同級生がお笑いをやってる。僕に敬語を使っている。11期といったら確かに結構後輩だ。

「これからも宜しくね」

「はい!!」

僕はこの朝倉の様子に困惑し、思い出話を語り合うこともできずその場をあとにした。

僕たちはもう大人。大人なんだなと思った。

このことを村上に話したら「どういうこと？ どういうこと？」と何回も聞き返された。

村上に話さなきゃよかった。

2007/10/29（月）カラオケ

一人でカラオケに行った。

前に友人とカラオケに行ったとき、声がＩＺＡＭっぽいって言われたので、『すみれ September Love』を20回歌った。そしたらデンモクの履歴が全部『すみれ September Love』になってたので焦った。

歌っていると段々コツを掴んでくる。段々自分がIZAMなんじゃないかって思い始めた。急いで自分の免許証を確認したら名前が野田だった。なんかガッカリした。IZAMじゃなかった。坊主だった。


一人カラオケもたまにはいいなって思った。

こんなことしてる場合じゃないなとも思った。

2007/11/03(土) 高まる気持ちを抑えきれず

明日はM−1グランプリ。

僕は早々と明日の準備をすることにした。高まる気持ちを抑えられなかったんだ。

早速バッグにランニングとジーパンを入れる。

こうして明日の準備は終わった。


しかしここで僕は思った。

「ジーパンをはいていけば、荷物はランニングだけになる」


僕は早速ジーパンをはいた。

そしてランニングをバッグに入れる。

僕は気づいた。

バッグいらないっぽいって気づいた。

ランニングは手で持っていけばいいんじゃないかって。

でも手にランニング持ってると何か変なので、ビニール袋に入れてみることにした。

上半身は裸。そしてジーパン。片手にはビニール袋。中身はランニング。直立不動で鏡の前に立つ。

「よし」


これで明日の準備は整った。

2007/11/04（日）M－1グランプリ2回戦

今日はM－1グランプリ2回戦。

惜しくも2回戦で敗退したシャバダバに「仇を討ってくれ」と言われ意気込む僕ら。ただ残念ながらチーム戦じゃないので仇とかそういうのは無いんじゃないかと僕は思った。

同じブロックにカオポイントさんを発見。バシさんが真剣な顔で携帯をじっと見ている。

ちらっと覗くと「お焼香のあげ方」というサイトを見ていた。なんでも今日お通夜らしい。帰ってくれよと思った。

ネタを終え、僕らは無事2回戦を通過。

こうして僕たちはシャバダバの仇を討つことができたんだ。

（次週 バシ君お通夜でMC!?）

2007/11/10（土）ネタ合わせ

新ネタを作るために村上と入念なネタ合わせをする。

長考するも何も案がでない。行き詰まる。「大人になりたい」というネタの案が一つ出たが、「タバコだと思って吸ってたら丸まったレシートだった。あぁー」というボケしか思いつかず却下になった。やはり行き詰まる。

何も思いつかない。僕は焦る。しかし村上は余裕そうにずっとジャンプを読んでいる。「焦らなくても大丈夫。必ずなんとかなるから」それが彼の生き方だからだ。器のでかい男だ。ただジャンプ読むのはおかしいだろと思った。

そんなこんなでネタ合わせは終わった。

最後におもいついたボケは「酒だと思って飲んでたらボルヴィックだった。うぃっす」だった。

帰ってから家で「笑いとは」で検索した。

2007/11/17（土）流行語

最近忙しくて日記が書けない。そのうえ書くこともない。

そういえば流行語大賞のノミネートが決まった。

さっそく見てみた。

それは違うだろっていうのがいくつかあった。

「ミンチ偽装」とか違うだろって思った。流行語じゃないだろって思った。

なかには「炎上」とかもあった。もう●ってる。

一番よくわかんないのが「大人かわいい」。普通じゃんって思う。普通の言葉じゃんって思う。

もしも将来、村上のツッコミの「野田くーん」というフレーズが流行語になったらどうしようとよく思う。人の名前だし。

2007/11/24（土）書く事ない

今朝、電車の窓から外の景色を見ていると「モデルルーム公開中」という看板が立っているのが見え、その横にホームレスの青テントがあって僕は泣きそうになった。

明日はＭ－１グランプリ。

疾風迅雷ライブのための調整ライブです。是非見に来てください。

2007/11/25（日）としかわトーク頑張る

Ｍ－１負けた。

悔しさをバネにし頑張りたいと思う。

来年こそは再来年こそはと時間は過ぎていくんだなと思った。

おもっ。

2007/11/28（水）ただ待っている

深夜。

部屋の中に暖房器具がなく、毛布に包まりながら僕はパソコンの前にいる。

見ているのはマヂカルラブリーＨＰ。

僕は待っている。

凍える体。襲い来る睡魔。絶望という名の孤独。

もはや地獄だ。

それでも僕は待っている。


「誕生日おめでとう」

その言葉をかけてくれる最初の人を。

2007/12/03（月）感想

ネットでマヂカルラブリーと検索すると、いろいろと出てくる。

その中で、ネタの感想などを書いたブログを発見すると、見ずにはいられない。

ブログのような本音を書く場でのネタの感想は大変参考になるんだ。それが中傷だって構わない。僕はどんな意見があっても構わない。

その中でＭ－１グランプリ２回戦の感想が書かれたブログがあった。

その日の出演者のネタの感想が書き連ねてあり、中には僕らのネタの感想も書かれていた。

マヂカルラブリー「入りでおっぱいいじる　野田君変な動き」

以上だった。

いやいやいや。と。

ただの変態じゃないっすか。入りでおっぱいいいじって野田君変な動きって。ただの変態じゃないっすか。

「野田君変な動き」が「良い」のか「やめてほしい」なのか。入りでおっぱいいじるって。AVでも見たことない。

ちなみにその感想にはエンジョイワ↓クスさんの感想も書かれていた。

エンジョイワ↓クス　「忍者　やっちゃいなよ　生まれてくる瞬間の田中邦衛」

以上だった。

これだとまるで、忍者に無茶ぶりしてるように思える。

ただ僕は生まれてくる瞬間の田中邦衛は見てみたいと思った。

生まれてくる瞬間の田中邦衛が見たすぎて気狂いそう。

2007/12/07（金）SOS日記

AGEAGE LIVEが終わり、僕は渋谷駅へと向かった。

東急東横線。ドアが閉まる車掌のアナウンスが始まっていた。

僕は急いで車内に入ろうとしたが、車内は満員でどこも僕が入るスペースがない。ホームを走り、入れる車両を探す。

そしてわずかに空いてる車両を見つけ、僕は急いで乗り込んだ。

ドアが閉まった。

両サイドから押し迫るドアに一瞬挟まれそうになったがなんとか無事だった。

ホッとした。少しかいた額の汗をシャツの袖で拭い、チラと見えたドアの貼紙に「女性専用車両」と書かれているのを目にして僕はおしっこを漏らした。

あたりを見渡すと女性、女性、女性。

近くにいた外国人の女性が「Ah~HAHAHA!!」と笑っている。

そして今に至る。

2007/12/12（水）決勝

M－1の決勝者が決まったようだ。

年々決勝常連者が増えていくわけだから、審査も大変だろうなと思った。

正直3回戦が終わった時点でM－1への興味が一瞬でなくなったが、やっぱり決勝は気になる。

それにしても気になるのは、M－1が放送される日の昼頃にやるM－1予選のダイジェスト。

もうあれしか楽しみがない。間違いなく録画する。もし自分が映っていようものなら、自分でその映像をユーチューブに載せる。そしてタグに「期待の星」を入れる。

あぁ売れたい。

2007/12/18（火）ちょっと早いサンタさん

僕のバイト先は郵便局。

今日、郵便配達中に子供に「あぁーサンタさんだー」と言われた。

　とても戸惑った。なぜなら僕はサンタさんではなく野田クリスタルだからだ。

　僕は子供に「サンタさんじゃないっす」と言った。僕は子供と話すと「っす」をつけてしまう癖がある。

　すると子供は「どうしてー？」と言ってきた。

　僕はとりあえず「おかあさんいるかな？」と言った。すると子供は大きな声で「おかあさーん。サンタさんー」と言った。

　僕はてんぱった。すると奥からお母さんが出てきて「あらら」と僕を見るなり、子供に小さな声で「あの人はサンタさんじゃないのよ。アルバイターよ」と言った。

　アルバイターとか言わないでほしいと思った。

2007/12/24（月）怒涛のM－1決勝

今年のM－1は面白すぎる。興奮が冷めない。

　このM－1の模様はアルコ&ピース平子宅で、モダンタイムス、夙川アトムさん、もっちさん、ゴー☆ジャスさんの面子で見ていた。

　その名前が呼ばれた瞬間、M－1を見ていたこのメンバー全員が「優勝決定」と言った。敗者復活で「サンドウィッチマン」という名前が出た瞬間、全員が優勝すると確信した。不思議な現象だった。

　決勝3組のメンバーは、としさんと夙川アトムさんは的確に当ててきた。

　としさんは言う。「キングコングが優勝でもおかしくない」

　今回の「M－1」はとんでもない内容が詰まったものとなった。

また来年から漫才界に新しい風が吹く。

漫才師なら今回のM—1を見ていろいろなことを考えさせられたと思う。

その考える漫才師達よりも考え、先にいった漫才師が来年のM—1で勝つ。

今回の決勝3組が、決して新しい漫才ではないのに他のメンバーよりも先にいってる気がしたのはなぜだろう。

とりあえず僕は今回のM—1で一番爆笑したのが、敗者復活でサンドウィッチマンについていく髭男爵のひぐち君さんだ。


なんかすごく消したい日記。

2007/12/29(土) 年賀

今年も年賀状の仕分けをしている。

去年もした。一昨年もした。いっつもしてる。年賀状の仕分けばっかしてる。

仕分けして飯食って寝て仕分けして飯食って寝て。時には股間をムズムズさせて、そして仕分けして。股間を仕分けして。ずっと仕分けしてる。僕はもう嫌になっちゃう。

毎日毎日仕分けして嫌になっちゃう。

そんな気持ちを歌にしました。聞いてください。

「バトンを握ったのは君だ!」


次週へ。

2007/12/30（日）明日も

今日も仕分けをしている。

僕はあとどれだけ仕分けをすればいいのだろうか。

今年の話じゃない。今後僕が仕分けをする年賀状は何枚なのだろうか。

あとどれだけ年賀状を仕分けしたらテレビに出れるのだろうか。

バイトをやめられる日はいつなのか。そもそもやめられるのだろうか。正社員になるのはいつだろうか。

来年こそは年賀状の仕分けをしないように頑張りたい。

2007/12/31（月）大晦日

今日も僕は仕分けをしている。

最近僕は思うんだ。

仕分けをするから僕は生きていられるんだと。仕分けをしない僕は僕じゃない。仕分けをする僕は、今を生きる僕なんだと。

これから、あとどれだけの年賀状を仕分けすればいいのか。昨日まではそれを考えるだけで吐き気がした。でも今は違う。この年賀状を仕分けしている間は、僕は生きていられるんだ。

僕がそう一人でブツブツ言っていると、隣の高校生のアルバイトの子が「わかりますわー」って言った。うるせえって思った。おまえ15時あがりだろって思った。

今日は大晦日。

本当なら今年一年を振り返るべきだろう。

しかし僕はもう何も思い出せない。
自分の下の名前も思い出せない。

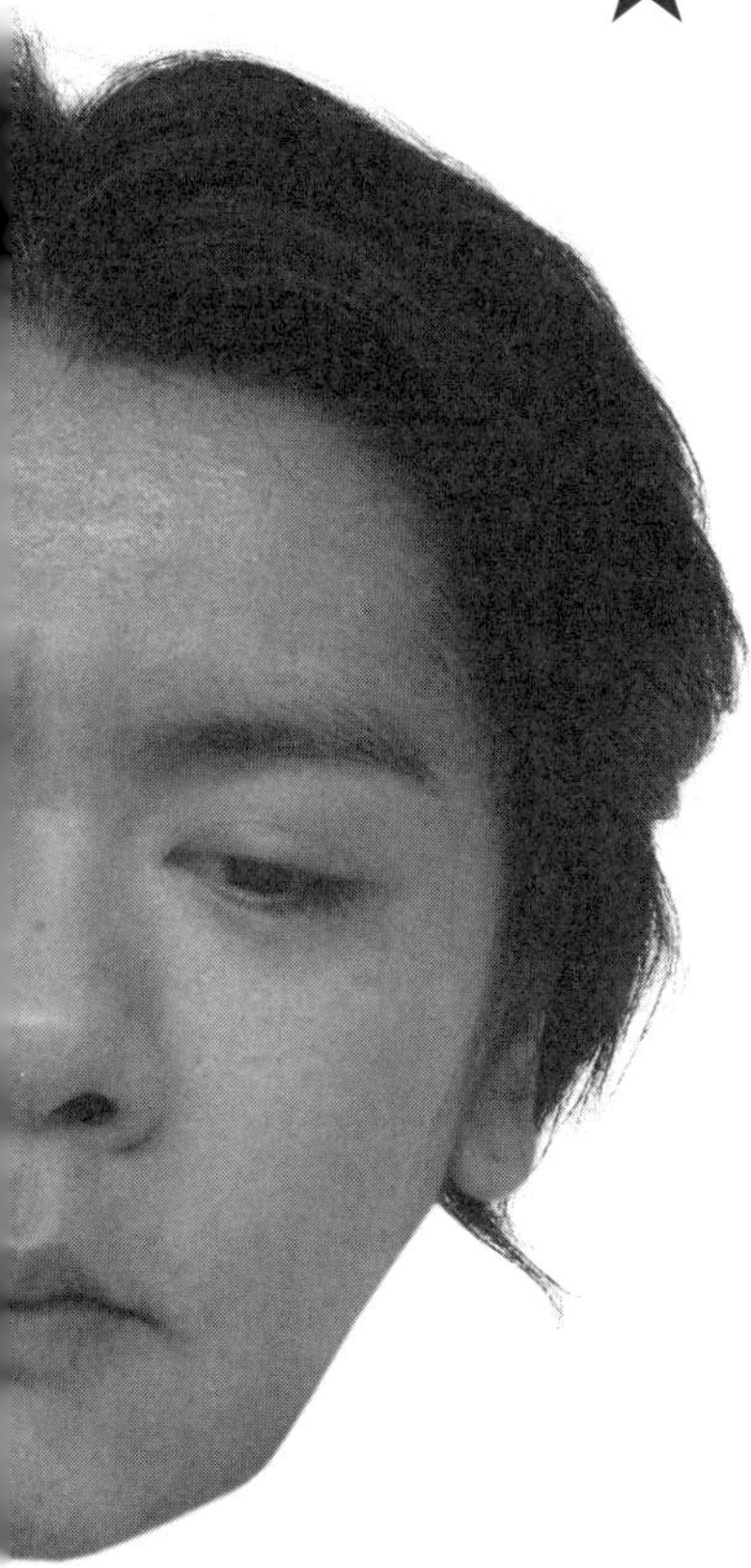

NODA'S DIARY 2008

2008年

2008/01/01（火）あけましておめでとうございます

仕分けをしている。


僕は今日、年賀状の角が目に当たり死ぬという夢を見た。

初夢だった。

僕は最近、この仕分けをする力で電力が起こせないか研究している。


一体なんなんだよ。

年賀状ってなんなんだよ。

誰か教えてくれよ。

2008/01/04（金）明日は

明日はR - 1ぐらんぷりがある。
ちなみに明後日が村上だ。

さすがに緊張する。

M－1では3回戦までいってるため、プレッシャーを感じずにはいられない。


僕は久しぶりにピン時代のネタ帳を開く。

1年前まではこれを肌身離さず持っていた。

当時の輝かしい記憶がよみがえる。

2006年、R－1ぐらんぷり1回戦敗退。2007年、R－1ぐらんぷり1回戦敗退。


この瞬間、僕を苦しめていた「プレッシャー」という魔物が一気に消え去った。

それと同時に「負け犬」という羽が僕を空へといざなった。

やっべ。負けるっぽい。

しかし僕自身、このチャンスを逃したくない。今年こそは2回戦に上がるんだ。

こうして僕はピン時代を思い出し、最高のピンネタを考えることにした（明日が本番）。

2008/01/05（土）必死

見事落ちてきました。

いや、普通にすべりました！

これで3年連続1回戦敗退です。センキュー。

明日は村上です。

すべってほしいっす。

いや、まじで。

「いや、普通にすべりました！」がせつない。

2008/01/06（日）R－1ぐらんぷりの意味

村上から「コンビで頑張ろ」というメールが来た。

僕らマヂカルラブリーは2人してR－1ぐらんぷり1回戦敗退という結果になった。

こうしてR－1ぐらんぷりが終わり（終わってない。まだ2日目）、僕達は不思議な信頼関係が生まれた。

しかし僕は思う。もしかしたらR－1ぐらんぷりはこのためにあるのかもしれない。

コンビの大切さというのを改めて考えろという意味があ

るのかもしれない。

ないっぽい。全然ないっぽい。

これからも1回戦敗退の2人が組んだ「マヂカルラブリー」をよろしくお願いします。

2008/01/11(金) AGEAGE LIVEでした

昨日はAGEAGE LIVEで無事メダルを獲得。

ライブ終わりにトータルテンボスさんからアドバイスを頂き、僕らはとても浮かれていた。

僕達はひと仕事終え、ライブ会場の無限大ホールから出た。

毎回無限大ホールの出待ちの数はすごく多い。出口にたくさんの女性が待っていた。

僕達が出てくると、全員がこちらを振り向く。

そして全員が「おまえらかよ。死ねよ」という目で見てくる。

僕はこのとき、売れてない芸人用の出口を作ってほしいと思った。

会場をあとにした僕達。すると後ろの方から「タッタッタ」と足音がする。

後ろを振り向くと、女子高生がサイン色紙を片手に走ってきた。

僕は即座にバッグからペンを取り出そうとした。

するとその女子高生は「タッタッタ」と僕達を素通りした。

僕は即座にペンをバッグに戻した。

渋谷のイルミネーションがぼやけて見えた。

2008/01/16（水）好調

今日はAGEAGE LIVEで、無事メダルをGETし、Bageに昇格することができた。

帰りにスクーターを駐めてある駐車場に向かったところ、僕のトゥデイ（ホンダ）がおもいっきしなぎ倒されていた。

なぎ倒さないでほしいと思った。

2008/01/18（金）バスケットシューズ

吉本の芸人達が集まって、毎月バスケットをしている。僕はバスケット経験者という事もあり、今日それに参加してきた。

集合時間までに、とりあえずバスケットシューズを買おうと思い、横浜の、とある靴屋さんに向かった。

その店にはバスケットシューズっぽい靴がたくさん売っていた。しかし用途が書かれていないため、バスケットシューズなのかどうかが分からない。

僕は店員に「これバスケットシューズですか？」と尋ねた。

店員は「外でも履けますけどね」と言った。

僕は「いや、バスケットシューズですか？」と聞いた。

店員は「うん。でも外でも履けますね」と答えた。

結局僕はバスケットシューズなのかどうかが分からない靴を買うことになった。店員が途中「うん」とタメ口になったのも気になった。

買った後、靴と一緒についていた紙に「軽いから長時間のウォーキングにもバッチリ!」と書かれていたが、僕はもう気にしなかった。

2008/01/24(ホ) アクセサリーの意味

村上の胸についているアクセサリーみたいのが毎回違う。

何かを主張しているのだろうか?

僕に何かを伝えたいのではないだろうか?

アクセサリーを通してみんなに何かを訴えているんだ。

アクセサリー↓おしゃれ↓モテる↓彼女ができる↓結婚する↓子供ができる↓お笑いを引退せざるをえない↓お笑いをやめたい
必然的にこうなる。

そうか村上はお笑いをやめたいのか。

思えば結成当初からそのアクセサリーをつけていた。


今もつけてる。

2008/01/31(ホ) 夢と嘘

日記をしばらく書いていなかった。どんどんペースが悪くなる。最終的に年に1回とかになりそうだ。

ところで僕は友人からこんな興味深い話を聞いた。

「その日見た夢を毎日日記に記録する。そして何ヶ月か続けた後に自分でそれを読み返すと発狂する」

うそつけと思ったが友人は「実際に俺も発狂した」と言った。

そして友人は僕に1冊のノートを渡してくれた。夢日記だ。

僕はそれをペラペラとめくっていった。別に何も面白くない。

しかしそこで僕は言った。

「じゃあおまえ今これ読んだら発狂するのか？」

友人は「うん」と答えた。

僕はさっそく試してみてもらうことにした。

友人がノートを受け取りペラペラとページをめくる。

だんだん顔がこわばっていく。

そして全てを読み終わりノートをパタンと閉じた瞬間、

なんと友人は「はあああああ！」と絶叫した。

そしてどさくさに紛れて「うそでえええす！」と言った。

僕は発狂した。

2008/02/06（水）癖なんだ

雪が積もるとなぜか除雪する人が現れる。

彼らは一体誰なんだろう。

これまで身を隠していた彼らは一体誰なんだろう。

平均年齢は高い。おばさんやおじさん。彼らはおそらく何の見返りもなく除雪している。道路や、道を歩きやすくするために彼らは存在している。

だから僕らは今日も靴の中に雪が入らず道を歩くことができる。

除雪おじさん。除雪おばさん。

ありがとう。

感謝の気持ちを胸にしまいながら、僕は今日も除雪して脇に溜まった雪を道にケリ散らした。

気が狂ってる。

2008/02/07（木）内容のない日記

最近日記さぼっているので、２日連続で書いてみることにした。

僕は今日も郵便配達をした。ちなみに週に6回している。僕の額にそろそろ"〒"のマークが浮き出てくるんじゃないかと思う。ダイの大冒険みたいに。

芸名も野田〒クリスタルになるんじゃないかと思う。〒クリスタルでもいいかもしれない。なんだったら〒だけでもいい。

僕の仕分けの速さは半端じゃない。あまりの速さに課長は「前局長の再来」とまで言った。すごいのかどうかはよくわからなかった。

何年もやってると、住所を見ただけで名前が分かる。もっとやってるとハガキに触れた時点で名前が分かるらしい。もっとやってるとハガキなんて触れないらしい。それもすごいのかどうかはよくわからなかった。

とにかく僕は今日も元気に郵便を配達している。

毎日日記を書くと、郵便配達日誌になりかねない。それはそれでいいかもしれないって思った。

2008/02/09（土）郵便局は休日・祭日が休み

休日の前の日の夜はなんでこんなにウキウキするんだろうか。

しかも2連休。

僕はウキウキしてる。

テンション上がりすぎて、中古で売ってた『タイガー・ウッズ公認ＤＶＤコレクション』を買っちゃった。

全然面白くなかった。買わなきゃよかった。あとタイガー・ウッズが僕の坊主の頃そっくりで殺したくなった。

2008/02/11(月) 560円だった

僕の休日は一瞬にして終わった。

ただ家で一人、DVD『タイガー・ウッズ 公認DVDコレクション』を観て、飯を食って、寝て、タイガー・ウッズを観て、寝て、飯を食って、タイガー・ウッズを観て、タイガー・ウッズを観ながら飯を食って。

この休日中に何をしていた？　と聞かれれば、僕はタイガー・ウッズを観て飯を食っていたと答えるだろう。まるでタイガー・ウッズをおかずにしていたみたいに聞こえる。

もっと有意義な過ごし方はあっただろうに。ネタを書いたり、ネタを観たり、お笑いに関して少し考えたり。でも休日となるとそんな気力が失せる。

僕はダメ人間だ。


このDVDを観て、どんな苦しいときでも立ち向かわなきゃ夢は叶わないということを知った。

ウッズの人生はまさに夢を追い続けた人の人生だった。

いつか僕もウッズみたいになりたい。

そう思えただけで、僕の休日は意味のあるものとなっただろう。

僕は『タイガー・ウッズ 公認DVDコレクション』を観て本当に良かったと思う。

タイガー・ウッズに「ありがとう」と小声で呟き、僕はこのDVDをブックオフで売却した。

2008/02/17(日) 魔訶不思議アドベンチャー

今日家のマンションの階段を降りていると、妙な出来事に遭遇した。

なぜか階段ごとにサンダルが置いてある。

それは全部同じサンダル。

しかもちょうど各階の踊り場の同じところにそのサンダルが置いてあった。

変だなって思った。

そしてものすごくこのサンダルを履きたくなったが、サンダルに接着剤がついていて履くとつまずいて転げ落ちるっていう母親の罠かもしれないと思ってやめといた。

各階の住民が各階の同じ場所でサンダルを脱いで、それを忘れる確率はどのくらいなのだろう？　とか考えながら階段を下っていた。

そしてふと気づいた。

あれ？　と思った。

もう同じサンダルを10回以上見てる気がした。

僕の家は8階にある。

それに気づいた瞬間出口に着いた。

階段を降りすぎて酔いそうになりながら、僕はもう二度とこの階段は使わないと決めた。


なにこの日記。怖っ。

2008/02/26(火) どのみち降格

完全にこの日記の存在を忘れてたぜ。

明日はＡＧＥＡＧＥ ＬＩＶＥ。１位を取れば残留可能という凄まじい状況下で、僕らは新ネタをやることにする。

一体明日はどんな結果になるのだろうか。僕は軽く予想してみることにした。

最下位を取る……30％
7位を取る……65％
1位を取る……２％

出番がなくなっている……1%
村上が逃走する……1%
村上とガリガリガリクソンさんが入れ替わっている……1%
今回は最下位じゃなく、7位を取るっていうのが最もリアルだ。
こう悲観的に考えてはだめだ。
絶対に6位を取ってみせる。

2008/02/27(水)●●●●●●●●●●

なんかすっぱいもん食べたい。

6位だった。

だからすっぱいもん食べたい。


2008/02/29(金)しかも酔っていた

夜中、急にマンションの非常ベルが鳴った。

僕はその音でバッと起きた。

急いで外に出ると、他の住民も気になったのか外に出ていた。あたりは騒然としていた。

僕は火事でもあったのではないかと思い、家族を起こした。

そして僕はまた外に出たところ、マンションのエレベーターの方から父が全速力でこっちに走ってきた。

父は真っ青な顔で「やばいやばい」と慌てふためいてた。

その様子からどうやら本当に何かあったんだと思い、僕は震えた声で「なっなにかあったの!?」と聞いた。

すると父はすごい形相で「間違えて押しちゃった」と言っ

た。

犯人はうちの父だった。

2008/03/04（火）渋谷に早く来すぎた

これからAGEAGE LIVE。

おもいっきしやったことあるネタだけど、是非応援してください。

2008/03/08（土）結局だれだったのか

昨日、地元の友人達と居酒屋でお酒を飲んでいると、金髪にピアスをしてヒゲを生やした人が絡んできた。

僕達の顔をしばらく見つめた後、「おめぇら族？」と聞いてきた。

僕は「いえ違いますけど」と答えた。

そのあと「おめぇらここ地元？」とか「どこ中？」とかやたらと聞いてきた。

そして「この地元じゃ結構有名なナオキって知ってる？」と聞いてきたので、僕は「いや、知らないですけど」と答えた。

するとその人は不敵な笑みを浮かべ、胸を突き出して親指で自分を指し「俺はテツヤだ」と言って「ナオキだと思ったべ？　ナオキだと思ったべ？」と笑いながら去っていった。

僕らはとりあえず飲み直した。

2008/03/11（火）どうでも良い話

郵便局のアルバイト中、課長に「おまえの髪はだらしない。切れ」と言われた。

僕は「いや、でも」と嫌な顔をした。

そしたら課長は「俺も切るから」と言った。

関係ねーよと思った。

2008/03/12(水)メダルGET

辛いもん食いてえ。

オラ辛いもん食いてえ。

オッス! オラ悟空!

辛いもん食いてえ。

2008/03/15(土)外は冷えていた

とある駅のホームで起きた話。

電車がその駅で急に止まった。いつまで経っても発進しない。

そして事態は起こった。

遠くの方から駅員の「そいつを止めろおおおお」という叫び声が聞こえた。

そして目の前には全力疾走で走る青年がいた。

事態が飲み込めなかったが、とにかくそいつを捕まえなくてはいけないようだった。

いくかいくかいくかいくか? どうする? 追いかけるか追いかけるか?

僕は心臓が張り裂けそうだった。

いくかいくかいくか? よしいこう!

僕は心を決めた。

そして車内の乗客たちを振り払い「あああ!」と電車を飛び出したら、青年はもう捕まっていた。

やっべと思った。

飛び出しちゃった。

どうしようどうしようと思い、このまま引き返すわけにもいかないので僕は自動販売機でコーヒーを買った。

すごくコーヒーを買いたかった人を演じた。

そして青年は取り押さえられ、駅員に連れてかれた。

僕は見てみぬフリをしてコーヒーを飲んでいると駅員が僕の方にやってきて「ご協力感謝します」と一礼した。

僕は泣きそうになった。

2008/03/20（木）5月の後半くらいに

1週間くらい前に吉本の人から呼び出され、吉本本社で1分のネタをやるという謎のオーディションが行われた。

そしてその日の夜に吉本の人から「通ったから明後日に本社来て」と電話があり、わけもわからず本社に向かったところ、そこには数組の芸人がいて普段会う機会のない吉本の社員の方もそこにいた。

そして吉本の社員の方が「じゃあこのメンバーでお芝居やるから」と言った。

僕は髪の毛が逆立ち、肩が外れ、内臓が破裂した。

口からはすべての歯が抜け落ちて、足の関節は3つに増えた。目は発光し、子供達は大人に反発し、草木は枯れ、大人たちはむやみに森林を伐採した。

そんなこんなで神保町花月で芝居に出ることになった。

とは言っても、実は僕は芝居に出るのは初めてではなく、とある劇団で御曹司の役をやったことがある。

今回どんな役をやるのかはまだ聞かされてない。

ちゃりんこの役とかだったらどうしよう。

2008/03/26（水）監視カメラの裏のやつら

一人カラオケに行った。

マイクと伝票を渡され部屋に入る。

で、僕はいつも店員が飲み物を持ってくるまで歌わない。

以前「もののけ姫」を裏声で熱唱している最中に店員が飲み物を持ってきてしまい、「ありがとう」と裏声でお礼を言ってしまったことがある。

だから僕は店員を待った。

しかし10分経っても店員が来ない。とりあえず僕は歌わずに待っていた。

そして15分が経った。僕はたまらず電話で「ウーロン茶まだですか」と言ったところ「かしこまりました」と言った。

20分が経った。ここで僕はふと思った。もしかしたら監視カメラで僕を見てるんじゃないだろうか。「あいつ飲み物持ってくるまで歌わねぇつもりだぜ。キャハハハハ」とか裏で笑ってるんじゃないだろうか。

25分が経った。未だに1曲も歌っていない。なんのためにカラオケに来たんだろうか。「あいつなんのためにカラオケ来たんだよ。キャハハハハ」って笑ってるに違いない。

30分が経った。僕はデンモクを操作し「もののけ姫」を入れた。もう歌うしかない。

そして僕は歌いきった。

流れ的にここで店員が飲み物を持ってくると思ってたので拍子を抜かれた。

結局30分損してしまい、終了時間になった。

もうこれからは店員が入って来るのを気にしないようにしようと心に誓いつつ、僕のウーロン茶は結局どうなったんだろうと、ふと疑問に思った。

2008/03/27(木) 明日はAGEAGE LIVE

今月最後のCage。来月からは未だによく理解できていないシステム変更があるので、下手したらまた降格するらしい。だから明日は絶対にメダルをGETしなくてはいけない。

明日は新ネタやります。不安で胃が破裂しそうです。どうか応援の方よろしくお願いします。

2008/04/01(火) 急すぎる

今日AGEAGE出番だってさ。急なので、日記で告知します。

4月1日（火）
●開場／開演　16：30／17：00
●チケット　前売り1200円／当日1500円

MC：レギュラー

犬の心、グランジ、ブロードキャスト、ジューシーズ、エリートヤンキー、もう中学生、トレンディエンジェル、ノンスモーキン、マヂカルラブリー、ブルックリン、オコチャ

時間が若干変わってます！

こちらから生で見れます！

http://www.yoshimoto.co.jp/yy/

投票ページは変わらずこちらです！

http://age.y-mg.jp/

いやーやばいやばい。

告知とかもそのまま載せちゃう。

2008/04/02（水）こういうことは実は結構ある

鼻水が大量に出てくるのでポケットティッシュを持ちながら配達をしていたら、間違えて人の家のポストにポケットティッシュを入れてしまった。
　取り出そうとしたら、中身のティッシュが1枚だけ取れた。
　諦めてそれで鼻をかんだ。

2008/04/03（ホ）ただの告知です

また日記で告知。

【ヴっかけライブ】

■4月6日（日）
■会場　なかの芸能小劇場
■開場／開演　13：45／14：00
■チケット　前売り／当日1000円

MC：マヂカルラブリー

遊び屋、勝間田淳一、catch!、ムートン、メカイノウエ、落石注意、ワイワイダンヂ　他

僕らがなぜかMCをやる。

いったいどうなるんだろうか。

「今日ライブ来る途中にですね」みたいな気さくなトークをしなくちゃいけないんだろうか。

ちなみにネタと企画もやります。

暇だったら是非観に来てください。


全員汁男優。

2008/04/06（日）お笑いそのものが

今日はヴっかけライブのMC。

みんなよりも早くに会場に入って、村上と企画とMCの入念な打ち合わせをする。

その後、出演者を集めて企画の打ち合わせをする。

そしてさっそく開演。

「きさくなトークで場を盛り上げる」というのが当初の打ち合わせでの予定。

そして出てきた僕の第一声が「花見した？」だった。

超普通。楽屋でやれやって思った。

しかも村上も「した」って返してきた。

そして村上は「花見トーク」を心待ちにするかのような目で僕を見た。

いやねえよ？　って思った。花見トークねえよ？　って思った。

そしてお互いがお互いを見つめ、「あぁなんもないんだな」と悟った。

こうしてオープニングトークは終了。

その後僕達は喫煙所で2人、タバコを吸いながら「良い感じ良い感じ」と言っていた。

額からは油汗が出ていた。

そして企画を2本やり、エンディングトークもやった。

出演者の方々の力により、無事ライブは終了することができた。

その後僕達は喫煙所で2人、タバコを吸いながら「向いてない向いてない」と言っていた。

2008/04/08（火）告知

明日はAGEAGE LIVEです。
是非観に来てください。

2008/04/13（日）マセガキ

ないないない。書くことない。

なので、ものすごくどうでもいい話を一つ。

僕の幼稚園の頃のアルバムなんてものを最近見つけ、ちょっと読んでみた。

で、読んでみて思い出したが、僕は幼稚園の頃、やたら砂場で遊んでいた。

砂場にスコップを持っていって、どこまで穴を掘れるかというのを友達と競争していた。

なにかこう、穴を掘るということにちょっとしたロマンのようなものを感じていたのかもしれない。

そしてそのアルバムには「将来の夢」なんてものが書かれており、僕の将来の夢が「あなをほるひと」だった。

顔が真っ赤になった。

2008/04/17（木）最初からやる気なんてなかった

村上とネタ合わせ。男2人でカラオケに。

とにかくお互い家が遠いので、ネタ合わせをする場所には毎回悩む。

新ネタも全くできておらず、僕達は焦っていた。

しかし何も案が出ない。

お互いひと言も喋らず、しばらく無の時間が流れた。

そして僕は耐え切れず席を立ちトイレに行った。

このまま何も案が出ないまま終わるのだけは避けたかった。僕は気合を入れなおし、部屋に戻った。

そしたら村上がおもいっきし熱唱していた。

村上は「はやっ」と言って慌てて演奏中止を押した。

僕は「てめぇ！」と言ってすぐにデンモクを操作し「魔訶不思議アドベンチャー！」を送信した。

そしてカラオケ大会になり、「いやぁ、歌ったー」と言って僕達は家に帰った。

2008/04/21（月）あの頃は楽しかった

村上と僕ともう1人、ＳＨＯＷという芸人でお酒を飲んだ。

このメンバーで飲むことは滅多にない。ＳＨＯＷはテンションが上がっていた。

なんのコールもないのに一人で一気飲みしだすSHOW。
「やっべ。まぢ超楽しい」
それが彼が残した最後の言葉だった。

数時間後。

病院の一室でベッドに横たわり点滴を打っているSHOWと、パイプ椅子に座りそれを見守っているマヂカルラブリーの姿があった。

医者は「急性アルコール中毒」と言った。
彼が気を失い痙攣しているのを見て救急車を呼び、この病院に運ばれてから30分が経つ。
未だに彼は目を覚まさない。

僕らはとにかくパイプ椅子に座っていた。
そしてSHOWは意識を失いながらもひと言「ごめんねぇ」と呟いた。

僕たちは「うい」と答えた。

その後、メールで「昨日はごめんね。また飲み行こ」と彼は言った。
本当はすごいやつなんじゃないか、と思った。

2008/04/27(日)ライブスタンド08
ライブスタンド。すごいライブだった。

・楽屋にはガリガリガリクソンさんがいて、村上と夢の対面を果たした。元は1つだったものが2つに分かれこうしてまた1つになろうとしてる。奇跡の瞬間だった。

・楽屋には僕らの居場所がなくずっと立っているはめになった。楽屋までライブスタンドだった。

・エンディングでは1万人以上のお客さんを目の前にしてめまいがした。ここで初めてランニングを裏表逆に着てることに気がついた。

・会場から駅まではマイクロバスがあり、もちろん僕達が乗ることが許されなかった。

帰りに村上は「タレントが電車なんか乗れるか！」と言って都営バスに乗って帰った。

・とにかく規模がでかかった。来年もまた出たいなと思った。

2008/05/05(月) ドラマチックパン

地元のパン屋さんにとても綺麗な店員さんがいた。

僕はその人に良いように思われたくてアゲパンを買った。

大人はよく「給食のアゲパンっておいしいよな」って言う。つまりアゲパンを買えば大人って思われる。

これだけだとあれなので、クリームパンも買った。

アゲパンで大人だと思わせて、クリームパンでかわいいところもあるって思わせる作戦だ。

そしてそれを綺麗な店員のいるレジに持っていったところ「390円です」って言われた。

別に普通のことなんだけど、なんかショックだった。

2008/05/07（水）神保町花月

急に宣伝し始めましたが、もうすぐ神保町花月です。

そろそろ本腰を入れて宣伝しないと、ガラ空きの客席になってしまう。

それよりも「マヂカルラブリーなんでお客さん呼ばねぇーんだ」みたいな感じになって正座してバリカンで坊主にされた後にバイクで引きずり回されるんじゃないかとビクビクしている。


どうか皆さん観に来てください。

2008/05/11（日）与えられた試練

先日、神保町花月で今度やるお芝居の顔合わせがあった。

スケジュールと台本を手渡される。

そして1ページ目にはキャスティングが載っている。

なぜか一番最初に僕の名前があった。

一体どんな役なのか。どんなボケをする役なのか。

どんなボケでもこなしてみせる。

そう意気込み、台本をパラパラめくる。

その後、一度みんなで台本を読み合わせして解散となった。

帰り道、出演者のみんなに「頑張れ」と声をかけられた。

電車の中でもう一度台本を読み返す。


僕の役はフリーライター。爽やかな風貌でみんなに振り回される「ツッコミ役」。


今から実家に逃げようと思う。

実家暮らしだけど。

2008/05/18（日）朝帰り

稽古終わりのバイトは大変だ。

稽古が深夜だから、そのままバイトに行くことになる。

もう夢の中にいるような気分でバイトをする。

とりあえずタイムカードが機械に入らない。めんどくさくなって諦めた。

バイトが終わり帰宅。

すぐさまにベットに横たわろうとしたとき、メールが届く。母様からだ。

「最近朝帰りが多くて心配です」

僕は何か説明するのもめんどくさくて「夜は忙しいんだ」と返した。

すると母から「このスケコマシが」と返ってきた。

そのまま寝た。


2008/05/24（土）そのあと吉野屋に入るのを目撃した。

「なんでですか!!」


お芝居の稽古場に僕のツッコミがこだまする。

「どういうことですか!!」

「ちょっと！　ちょっと！」

「もう結構です!!」

出番が終わり「どうだった？」とみんなに聞くと「声小さい」「なんか変」「ちゃんとツッコンでほしい」などの意見を頂く。

村上は「なんか寒い空気が流れてた」とおかしを食べながら言った。

僕の歯茎からは血がにじみ出ていた。

どうにかしなくちゃいけない。

明後日が本番。それまでにツッコミを完成させなくてはいけない。

僕は苦悩した。

正直、もう無理なんじゃないかと思った。そもそも向いてない。誰か助けてくれ。

諦めかけていたその時、村上が僕の方に駆け寄ってきた。

抱えていた頭を上げ、村上を見る。

こんな険しい顔をした村上は見たことがない。

なにかを決心したような顔だった。

静まり返る稽古場。そして彼は言った。

「僕、断食するわ」

帰れと思った。

2008/05/25（日）明日が本番

昨日は23時からの稽古。

ちょっと早く出たため、22時に到着し、稽古場に入ろうとしたらまだその前の人が使っていた。

とりあえず時間を潰そうと思ったが、外は雨が降っている。コンビニに入ってもすることがない。

そして見つけたのが「パチンコ」。

やばい。どうする。

これを機にデビューするか？　パチンコデビューするか？

僕の心臓はバクバクなっている。

とりあえず中に入る。

まず何をすればいいのだろうか？　どっかで玉を買う必要があるのか。

初心者だと思われないために、パチンコの台にある謎のデジタル数字を見つめながら店内を回る。

そして着席。右側に１０００円を入れるところが。

財布から取り出した１０００円を投入。

3分で玉がなくなる。

は？　と思った。

稽古まで残り50分。

雨に打たれながらゲームボーイアドバンスをやった。


2008/05/26（月）ボイコット当日

いよいよ本番当日。

結局なんのお芝居なのかがわからないままだったが、精一杯がんばろうと思う。

とりあえずこれから台詞を覚えようと思う。

2008/05/27（火）初日

無事初日を終える。

まず最初にびっくりしたのが、終わった瞬間出演者がすぐに帰ったこと。

余韻とかひたらないんだって思った。

元々演技が苦手で、ネタも台詞は特に決まってないし、ツッコミ役だし。

あと、出ずっぱりだし、小道具の出し入れとかもあるし。まぁ何が言いたいかと言うと、台詞とちった。確かにとちった。でも僕の頑張りも少しくらい認めてくれよって思った。あとみんなごめんよって思った。

来週こそは一度もとちらず頑張りたいと思う。

ブレーメン関根とどっちが先にとちるか勝負しようと思う。


2008/06/03（火）口から蚊みたいのを大量に出すあれ

好井《よしい》骨折疑惑が浮上している。

今日の本番で華々しくラスト終えた好井は暗転中、舞台から転落するというひょうきんなことをしでかす。

とにかく不運としか言いようがない。

そういえば好井はこの前、井下《いのした》に少女の生霊が取り憑いてると言っていた。

彼は幽霊が見えるらしく、取り憑かれた人は必ず事故に遭っていると言っていた。

結局あれは井下じゃなくて好井に取り憑いていたんじゃないかとふと思った。

来週は千秋楽。いったいどうなるのか。

最悪、僕が『グリーンマイル』のジョン・コーフィみたいな治癒能力で彼の骨折を治すしかない。

本当にいったいどうなるのか。

2008/06/08(日)ああぁ

稽古行く前になんか日記書こうと思ってたら、30分くらい何も書くことが見つからず、しかも時間がない。

もう電車乗り遅れる。

いえーい。いえーーーーーい。

2008/06/11(水)やり遂げた

・千秋楽、本番3時間前。
楽屋に行くと、ブレーメン岡部が全裸になっていた。

極度の緊張状態。そんな不安定な精神が彼をそうさせたのだろう。イチモツを見ても彼が緊張しているのは一目瞭然だった。
・本番20分前。
村上が私服のまま「ああ緊張するな」と言っていた。僕が「あれ？　衣装は？」と言うと、村上は自分の服を見て「あああああ」と言って硬直した。極限状態だった。

・本番10分前。

村上はまだ私服だった。

僕が「いや、服着替えなくていいの？」と言うと、村上は「ああああああ」と言って急いで着替えた。

さっきの「ああああああ」はなんだったんだろうって思った。

・本番5分前。

好井の骨折した腕に軽くぶつかったら、好井が「いたあああああ」と言った。

おまえら少し黙れって思った。

なんだかんだで無事公演が終了。

千秋楽にはうちの父親が観に来ていた。

公演終わりに父からメールで「父さんの席は丸椅子でした。残念でした」と来た。少し涙が出た。

なんにせよ満員御礼。最高の千秋楽だった。

2008/06/12（木）またこの生活に戻る

千秋楽が終わった次の日。郵便局のバイト。

9日の千秋楽をバイト休みにしていた僕はバイト先に入るや否や先輩から「もう月曜日休むなよ」と言われた。

郵便局は月曜日が一番忙しい。

しかし、前もって先輩には舞台のことなども話してある。なんだったら観に来ますか？と誘ったくらいだ。

しかし先輩は「何がチャレンジマンデーだ。チャレンジしてる場合か」と言った。

そして先輩はヘルメットを被り「いいか。俺たち郵便局員にとって」と言ってバイクにまたがり、エンジンふかしながら「月曜日は戦争だ」と言って配達に行った。

その後先輩は誤配をし課長に呼ばれた。

「なんでちゃんと確認しなかったんだ」と課長に怒鳴られると先輩は「だってバイトですもん」と呟いた。

その後先輩は、手鏡片手に歯の汚れを手で拭きながら「マンデーってなんか響きエロイよな」と言った。

バイト変えよっかなって思った。

2008/06/16（月）明らかになっていく

今日もバイト。

仕事場に入ると先輩はどこか不機嫌な様子だった。

なぜ不機嫌なのか？

正直全く興味がないので無視して仕事を始めた。

すると先輩は一人でブツブツ言い始めた。

「まじしゃれになんねえよ」

なんか言ってる。これはおそらく僕の「何かあったんですか？」待ちなので無視した。

すると先輩は更に一人でブツブツ言い始めた。

「まじあれは勘弁してほしいよ」

僕は更に無視した。

すると先輩はオーバーに頭を抱えて言った。

「まじあのときのは俺悪くねぇよ」

だんだん全貌が明らかになっていく。

僕は一切聞いてない。

更に先輩はさきほどよりも声を大きめに言った。

「まじあの失敗は俺がやったやつじゃねえよ」

僕は止むを得ず「どうしたんですか？」と聞いた。

すると先輩は「黙ってろ」と怒鳴った。

バイト先変えようかなってまた思った。

2008/06/22（日）井下好井

神保町稽古のときの話。

少し前の日記でふれたが、好井が舞台から転落し怪我をする1週間くらい前に好井が「相方の井下に生霊が取り憑いてる」と言っていた。そして「これまで生霊が取り憑いてた人は必ず事故に遭っている」とも言っていた。「絶対に井下は事故に遭う」そう彼は断言していた。

そして事故後、好井は腕に包帯を巻き稽古場に登場した。

「ほら。僕の言った通りでしょ」そう自慢げに話す彼に僕は「いやっでも井下に取り憑いてたんでしょ？ 井下が事故に遭わなくちゃおかしくないか？」と言った。

すると彼は「いやっあの生霊は井下のじゃなくて僕の生霊だったんですよ」と言った。

僕は「好井に憑いてたんじゃなくて井下に取り憑いてたってこと？」と聞いた。

すかさず好井は言った。

「いやっ逆ですって。井下に取り憑いてた生霊が僕のだったんですよ」

「逆って井下が怪我したのは好井に憑いてた生霊のせいってこと？」

「いやっ僕が好井であいつが井下ですって。好井が怪我したんです」

「おまえは誰？」

「好井です」

複雑すぎて僕にはもうよくわからなかった。

最終的に「好下」っていう人が生霊に取り憑かれてるってことになった。

2008/06/27（金）ある意味怖い話

配達中、道路に落書きがしてあるのを見つける。

見てみると子供の文字で「だれかがみてるよ」と書かれていた。

僕はそれを見た瞬間思わずあたりを見渡した。

そしたら清掃のおじちゃんが僕を見てた。

本当に誰か見てた。すごい。やるじゃんこいつーってお
い！　みたいな感じで僕のお家芸であるノリツッコミを披
露し配達を続行した。

そしてそれ以降、その落書きを見るたびに僕はあたりを
見渡した。
一度気になると見渡さずにはいられない。
ここに来たらまず周りを見渡して、誰も見てないのを確
認してから配達に行く。それが僕の日課になっていた。
そして数日後、その落書きが少し変わっていた。
見てみると「↑これ気にしすぎ」と書かれていた。
やっぱり誰かに見られてた。

2008/07/02（水）月のあかり

またお芝居に出ることになった。
題名は「月のあかり」。

なんだかシリアスな感じをイメージさせる題名だ。
前回はツッコミ役をやらされた。今回はどんな役をやら
されるのだろうか？
自分なりに予想してみた。

ボケ……30％
ツッコミ……30％
舞台監督……20％
月……10％
アゴが斜めに捻じ曲がってて月みたいに見える男……5％
うんこくん……5％

一体どんなお芝居をやるのだろうか。どんな役になるの
か。いまから楽しみだ。

舞台監督20％もあんのかい。

2008/07/09（水）その後彼はタバコを吸いにいった

今日は村上とネタ合わせ。

なんでもコントグランプリなんてものが今年開催されるらしく、僕達は出ようか出まいか迷ってる感じだ。

コントはマヂカルラブリーではやったことがなく、どうやって作ればいいのかもよくわかっていない。

僕は頭を抱えた。コントってなんなんだ。お笑いってなんなんだ。誰か教えてくれ。


すると村上はふとこんなことを言った。

「日本とニッポンの違いって知ってる？」

僕は抱えていた頭をふと上げ、村上を見た。

「え？　わかんない」

もしかしてコントを作るためのヒントをくれるのか？

日本とニッポンの違い？　わからない。いったいこれがコントと何が関係しているのだろうか。

僕はたまらず「教えてくれ」と言った。

そして村上は言った。

「日本って強く言いたいときにニッポンになるんだよ」

彼の放ったその言葉は僕の脳裏に深く刻まれた。

日本って強く言いたいときにニッポンになるんだよ、なるんだよ、なるんだよ、なるんだよ……。

僕はすかさず「で？」と聞いた。

村上はニコッと笑って「それだけ」と言った。

僕はまた頭を抱えた。

2008/07/15（火）コントの王様

キングオブコントに出るか出ないかを迷っていた。1回戦落ちしそうだからだ。

そしてたまたまキングオブコントの公式サイトを見たら20日の出演者の欄に僕らの名前があった。

「エントリーしてないっすけど」なんてやわなことは言えない。もう出ることは決まったんだ。グチグチ言わない。とにかくあと5日でコントを作らなくちゃいけない。間に合わない。

もうパクるしかない。R指定コントをパクるしかない。乳首が見えそうとかそっちのR指定。

巨大昆虫を倒すやつでもいい。「20センチのクワガタ」とか。微妙。踏み潰せる。

とにかく僕はインポッシブルが好きです。

2008/07/21(月) キングオブコント

キングオブコント1回戦に出てきた。

会場はTEPCOだったが、間違えてPARCOに行ってしまった。もうどっちでもいいんじゃないかって思った。

会場に入ると、パックンマックンさんがいた。いるもんだなって思った。PARCOにもいるんじゃないかって思った。

会場には後輩のこてつがいた。

そういえば3日くらい前にこてつから「最近会う機会がないですね。今度カラオケでも行きましょう」というメールが来ていた。

やばい。返信してない。

あと神保町で一緒になったVステーションもいた。「おまえらは絶対に落ちる。絶対に落ちる。落ちろ落ちろ落ちろ落ちろ」としつこく言ってたら本当に落ちてしまったので申し訳ない気持ちでいっぱいだ。「いやっ俺は好きだけどね。ああいうコント」というメールを送っといた。実際は全く見てない。

とにかく無事1回戦を通過したのでほっとした。

2008/07/26(土)でも見に来てね

神保町花月「月のあかり」の顔合わせが行われた。

前回は主役級の役をやらせてもらい、かなり苦戦した。うまくいったのかどうかはわからないが、しかしまたこうして神保町に呼ばれるということは前回の公演で僕たちはある程度認められたということである。

だから今回も重要な役をもらう可能性が高い。


「期待は裏切れない」


また主役級の役をもらっても完全に演じてみせる。失敗は許されない。

僕たちはそう心に誓い、今回の公演に挑んだ。


台本を手渡され、早速自分達の役を確認する。

僕たちの役はエハラさんが演じる、プロのミュージシャンを目指して上京した「ナオキ」のバンド仲間、AとB。

台本の33ページ以降出番がない。この読み合わせの最中に台詞を覚えられるかもしれない。

村上は笑いながら「これなら失敗しないね」と言った。

僕も「ああそうだな」と一緒に笑った。


真夜中の帰り道。無表情の村上が小さい声で「マジかよ」と呟いた。

日の当たらない2人を月のあかりがそっと照らした。

2008/07/28（月）子供怖い

最近気づいたが、僕は子供と会話できないいんじゃないかって思った。

というのも、この前郵便配達をしているときに子供が「郵便やさん、こんにちは」と手を振って挨拶してきた。

僕はそれに対して小さい声で「うっす」と言ってしまった。

子供は呆然とした顔で僕を見ていた。僕はたまらずその場を走り去った。

本来なら「こんにちはー」と優しいお兄さんのように振る舞うべきだ。でもできなかった。

周りの大人達のように子供言葉を使って話すのがこんなにも難しいだなんて思わなかった。

子供が去った後、配達中に僕は小さい声で何度も「こんにちはー」と練習した。途中知らないおばさんが勘違いして「あぁどうも」と言った。でも僕は無視して「こんにちはー」と練習した。

その次の日、また子供が現れた。僕の心臓の鼓動が早くなる。僕ならできる。僕ならできる。

そして子供は口を開いた。

「郵便やさんって大変?」

ええっと思った。質問かよって思った。さすがに僕にはまだ早い。

僕はたまらず「うっす」と言ってその場を去った。

その後、僕は一人で「そんなに大変じゃないよー」とつぶやいた。

2008/08/03（日）扇風機もない部屋なのに

おもいっきし風邪をひいてしまいました。

BBSのレスは少しお待ちください。

2008/08/07（木）今日も僕は

風邪をひいている。

2008/08/10（日）良い汗かいた

吉本から仕事が入った。

「歌舞伎町の掃除をしてきてください」

僕は戸惑った。なぜ僕らが？

とりあえず僕はさっそく歌舞伎町へと向かった。

歌舞伎町に着くとそこには数組の芸人とボランティア団体の方々がいた。

挨拶がてらにネタをやらされる。そして失笑される。

なんでやらされたんだろう。

そしてさっそくゴミ拾いが始まる。

汚い街のイメージがあるが、実はあまりゴミが落ちていない。

僕はさぼるために自分で飲んだペットボトルと財布の中のレシートをゴミ袋に入れ、あたかもゴミ拾いをしてきた感じを出した。

これで誤魔化せるだろう。

そしてそれを片手に集合場所へと戻る。

すると意外にみんなたくさんゴミを拾っていた。なんか申し訳ない気持ちになる。

そこで村上も戻ってきた。額からは汗がにじみ出ている。

「いやぁ良いことした後は気持ちいいね」と額の汗を拭う。

そして片手に握られたゴミ袋の中身を見てみると、こいつがさっき飲んでたペットボトルとレシートらしきものが入っていた。

ダメコンビだなって思った。

2008/08/18（月）負のオーラ

ようやく神保町花月が終わった。

そして今日AGEAGE LIVE。直前まで完全に忘れていた。だからネタ作ってない。

「考える暇なかったし仕方ないじゃない？」と村上はタバコを吸いながら言った。彼は暇があってもネタを考えない。あとNTTの支払いを滞納している。

この日の出番にオリエンタルラジオがゲストとして出演した。売れてる人はやっぱりオーラが違う。お金持ってそうな感じがした。

僕らもいつかあぁなりたいなと思い、ふと村上の方を見ると彼はNTTからの電話で「はい。はい。必ず支払います。はい」と必死に謝っていた。

当分はなれそうにない気がした。

2008/08/25（月）僕の夏を返してくれ

キングオブコント2回戦敗退。

残念な気持ちでいっぱいだ。

とにかくAGEAGE LIVE、神保町花月、C－1が終わった。

ようやく解放された。

これから僕はストリートファイターⅣを永遠にやり続ける計画を立てている。

夏を満喫できなかった分を取り返すために僕はこれから引きこもりになる。

今から胸が躍る。

そして吉本から連絡が入る。

「10月に神保町花月が入るかもしれないのでよろしくです」

とりあえずストリートファイターⅣは諦めた。

2008/09/02(火)今日はAGEAGE LIVE

よかったら見に来てください。

全然日記を書いてないですが僕は元気です。

2008/09/04(木)ビリヤード

地元の友人から「なぁ。ビリヤードやらないか？」と誘われた。

僕はビリヤードをやったことはないが、やれる気が前からしていたので「やってやるよ」と答えた。

さっそくビリヤード屋に着くと、僕はコーヒーを片手にビリヤードの玉を握った。

丸い物はどうしても握りたくなるからだ。

その姿が様になっていたのか友人は「おまえ相当うまそうだな」と言った。

さっそくゲームが開始する。

僕はまだ玉を握っていた。置いた方が良い気がしたが握っていた。なんせルールがわからないからどうしたらいいのかわからない。

僕は友人の方を見た。すると友人も玉を握っていた。友人は2つ握っていた。

友人は「始めていいよ」と言った。

僕は「どうやんの？」と聞いた。

友人は「しらね」と言った。

そして帰った。


2008/09/10(水)おまえが海賊王だ

AGEAGE LIVE。
会場に入り、いつも通り控え室の隅っこで体育座りする。

ふと横を見ると、ジャンプが置いてあった。誰のかは知らないがちょっと読んでみた。

そして僕はページをめくる手が止まらなくなった。今週の『ワンピース』が面白すぎたからだ。いつの間にか正座してジャンプを読んでいた。

そこにチョコレートプラネット長田が珍しく話しかけてきた。「『ワンピース』読んでるんですか?」

僕は小さくうなずき、更に今後の『ワンピース』の展開について彼に熱弁した。

彼は笑顔で「そうですよねー」と相槌をしてくれた。

僕は彼を「自分が熱弁し始めたときに優しく相槌してくれる人」と名づけた。

そしてライブのエンディング。もう間もなく放送が終了するというときに、MCのパンクブーブーさんが「まぁとにかく、チョコプラ! キングオブコント決勝進出おめでとう!」と言った。

えええっと思った。言えよって思った。僕が『ワンピース』の今後の展開について熱弁してるときに「いやーそんなことよりも僕らキングオブコント決勝進出したんですよ」って言えよって思った。

ライブが終わり、長田は「おつかれさまでした!」と元気よく挨拶をした。

僕も「おつかれさまっす」と若干敬語になった。

2008/09/17(水)七不思議

これはマヂカルラブリーの七不思議のうちのひとつだが、いつも本番前衣装に着替える時間になると村上の姿がなくなる。

それに気づいたのは半年ほど前だが、僕は当時はあまり気にしてなかった。

しかし最近そのことに疑問を持ち始め、彼をよく観察するようになった。

ＡＧＥＡＧＥの本番前。

さっきまで話していた村上が忽然と消えた。

なぜ消えるのか？　僕はその真相を確かめるべく彼を探し回った。しかしどこにもいない。

そして楽屋に戻ると、衣装に着替えた村上の姿があった。

僕は村上に「どこ行ってたの？」と聞くと、「いやっずっとここにいたよ」と答えた。

近くにいた芸人に聞くと、「いやっずっといたと思いますが……あれ？　いたよな」と答えた。

しかし僕が何度確認しても彼は本番前になると消え、衣装を着て戻ってきている。

僕は消えた彼を見つけることはできなかった。

一体彼は何故消えるのか？　なぜ衣装を着て戻ってくるのか？　なぜ衣装を楽屋で着替えないのか？

その答えは、彼が服を脱いだときの裸体を見たら分かる気がした。

2008/09/29（月）シュールリアリズム

書くことも特にないので中学生の頃のお話。

中学生の頃、美術の期末テストでよくわからない問題が出た。

テストを渡されると、そのプリントは白紙。

最初印刷ミスかと思ったが、プリントの下に「自分の将来の夢を絵にしてください」とだけ書いてあった。

全然これまでの授業関係ない。

必死にダビデ像とか勉強したのが全部水の泡になった。

ただ僕はこういう問題には自信があった。

将来の夢。

僕は必死に考えた。どうやって自分の夢を絵にするか。時間ギリギリまで試行錯誤した結果、僕はそのプリントにおっぱいの絵を描いた。

これはそれなりに深い意味も込められていた。まさにシュールリアリズムだ。

そして後日、テストが返され点数を見てみると0点だった。

全然伝わらなかった。進学やばい。おっぱい描いたせいで進学やばい。

ただよく見てみると、その点数の「0」の真ん中に小さな「・」がついてておっぱいみたいになっていた。

先生のシュールリアリズムだった。

2008/10/06(月) Aageに上げる方法

明後日はAGEAGE LIVEだが、そろそろCに落ちる気がする。

Aageに上がる以前に、僕らはまだ1位を取ったことがない。3位くらいでガッツポーズをする。

このままではいつまで経ってもAageに上がれない。どうやったら上がれるのだろうか?

その方法をいくつか考えてみた。

・顔にAって書く
・腕にAってタトゥーを彫る
・Aageがお送りするショートコントって言う
・頭文字をAにする
・Aボタンを連打する
・神になる

とりあえずそれぞれ試してみようと思った。

2008/10/08(水) 全然うまくない

今日はAGEAGE LIVE。

今月1回目の出番だったが、いきなりすべる。

本当にそろそろ落ちそうだ。どうしたものか。


こういう落ち込んだ日はやはりこれを読むにかぎる。

「ダイワ海川つり百科」。

この本は釣りの基本を初心者でも分かりやすく説明してくれる。

「よく釣れる場所」のところには「釣堀」と書いていて、作者のユニークなところも垣間見れる。

とりあえずこの本はブックオフで売ることにした。

しかしたまには魚でも釣って、今日のことは水に流そうと思った。


本当にうまくない。

2008/10/20(月) バイトの時間だ

エンタの天使という番組に出ることになり、僕らはさっそく日本テレビへと向かった。

緊張する。

僕らはまだ一度もテレビに出たことがない。これが初テレビだと思うと興奮が抑えられなかった。

そして日本テレビ内に入ると緊張が一気に爆発し僕は泡を吹いた。

そう、泡を吹いたのだ。


次週へ続く。

2008/10/24（金）放送日は確か11月6日の深夜だったと思う

泡をふいた僕はとりあえずテレビ局に来たんだから芸能人を探すことにした。

そして探すこと30分。ようやく見つけたのがほしのあきさん。

僕は「ういす」と声をかけた。気軽い挨拶で番組のプロデューサーだと思わせて仲良くなるという作戦だ。

しかし服装がジーパンとランニングだったので無視された。

あと楽屋にあるおかしを食べまくってたら村上に「食べ過ぎだよ」と怒られた。

帰り際に彼がおかしをバッグに詰めてるのを見かけた。

そんなこんなで収録が終わり楽しい一日だったとさ。

次週　野田君が忍者学校で!?

2008/11/02（日）家に帰ればよかった

M－1グランプリ2回戦が終わり、僕は一人カラオケに行った。

結果がインターネットで発表されるのがだいたい20時頃だろうと思い、僕はその結果発表の時間になるまでカラオケにいようと思った。家でずっと待ってると気がおかしくなる。

カラオケに17時に入り3時間一人で歌い続けることにした。

一度、M－1のことを忘れたかった。

そして『すみれ September Love』を送信しマイクを握りしめる。

そこで後輩からメールが届く。

「M－1通過おめでとうございます！」

僕は目をそむけた。もう見ちゃったけど目をそむけた。見てないことにして歌い続けた。

1時間が経過。

デンモクの履歴は『すみれ September Love』で埋め尽くされている。最終的にアカペラで歌うことにした。

あと2時間ある。やばい。帰りたい。

なんにせよホッとした。

2008/11/08（土）その後はかどらなかった

村上とネタ合わせ。

前回1位を取ったので僕は気合が入っていた。

さあネタ合わせを始めるぞ、というときに村上はこんなことを言った。

「M－1、3回戦いつ出よっか？」

そういえばまだ3回戦いつ出るか決めてなかった。ネタ合わせを始める前に、先にそれを決めることにした。

「やっぱり日曜日の方がお客さんも入るだろうから、日曜日がいいんじゃないか？」

僕がそう言うと村上は
「あぁーごめん。日曜日は無理なんだ」

と言う。

「いやっでもM－1なんだからさ、バイトだったら無理してでも空けようよ」

「バイトじゃないよ」

「え？　じゃあなに？」

「オーディション」

オーディション⁉　僕はそのオーディションの話は聞かされてない。まさか早くもコンビで仕事の差が出たのだろうか。

「一体なんのオーディションなんだ？」

「ふとっちょオーディション」

ふとっちょオーディション⁉　なんてすごいオーディションなんだ。

「だから日曜日は無理なんだ」

オーディションというのなら話は別。３回戦は金曜日にすることにした。

それにしても村上にだけそういう仕事が入るのが羨ましいなと思った。

ただ彼はどこか切ない表情をしていた。

2008/11/13（木）鞄いらない

Ｍ－１、３回戦前日。

緊張しすぎて下痢になる。

しかしバイトは休めない。配達が終わり、その瞬間トイレに駆け込む。

バイトが終わり、次は演技レッスン。演技レッスンも緊張するので下痢が2倍になる。レッスンの先生が「腹式呼吸はここをだな」と言ってお腹を押してくる。死んでほしいと思った。

そして演技レッスンが終わるが、まだお腹が痛く、ちょっと熱も出てきてる。病気なのかもしれない。あれは刺身用じゃなかったんだなと思った。

家に帰りさっそくトイレに駆け込む。トイレットペーパーが右半分だけ少ない。みんな取るの下手くそ。

そんなこんなで明日はＭ－１。

鞄にランニングとエイトフォーとビオフェルミンを入れて早めに寝ることにする。


2008/11/22（土）あやかるってどういう意味なのか知らない

奇跡的にＭ－１も準決勝に進出した。これもすべて僕を産んでくれた海のおかげだ。

あとは特に書くことがない。

そういえばこの前のAGEAGEで村上の本名が鈴木である、ということが話題に出た。「村上」という名前の芸人が今グイグイ来てるので、それにあやかりたいという理由でつけられたが、実は彼の本名「鈴木たかひろ」はタカアンドトシのタカさんと同姓同名である。

むしろそっちにあやかった方がいいんじゃないかとふと思った。

2008/11/29（土）生まれ変わった

誕生日は特別な日だから普段と違うことをしなくちゃいけない気になる。

たまたま家の中で鉄アレイを見つけたので僕は筋トレをすることにした。これは普段しないことだ。

昼になり昼食を食べる。食べ終わるとすることがない。

そこで見つけたのが鉄アレイ。僕は今しかないと思い筋トレをすることにした。

夜になり夕食を食べる。夕食は寿司だった。嬉しかった。でも食べ終わるとすることがない。もうこのまま寝てしまおうと思い寝床に入ると枕が硬い。なんだと思い見てみるとそれは枕じゃなくて鉄アレイだった。僕はこれを見て今しかないと思い筋トレをすることにした。

11月28日、誕生日。僕は筋トレをした。

2008/12/07（日）ルミネ

今日はルミネ。前説ではなくネタをやることになった。

こんな機会は滅多にないので気合を入れて挑んだところ、とりあえずダダすべる。

さらに持ち時間5分のところ2分30秒でネタが終わるというルミネ史上最速のネタ時間をたたき出し、僕らは時の人となった。

その後、そのままルミネで漫才バトルがあった。

本番前に「さっきのことは忘れようぜ」と村上に言ったところ、彼は「え、何が?」と答えた。仕事が早い。

そんなこんなで漫才バトルは予選落ちをし、今日のことはすべて夢オチであるようにと願った。(予選落ちと夢オチで韻を踏んでいる。これはすごいことだ)

明日はM―1準決勝。今日のあれをすべてぶつけてやるのさ。


2008/12/08(月)準決勝 第1話「鍋茶屋コンフォール」


マヂカルラブリーの初舞台。アパートくらいの狭い会場でお客さんも10人程度。ウケてるのかどうかもわからないようなライブで、初めてやったネタが処刑のネタだった。

それが今、1500人の前でやっている。これは驚きだ。

囲碁将棋と初めて出会ったのが5年くらい前。これまたアパートくらいの狭い会場でお互いまだ吉本に入る前だった。M―1準決勝で出順が囲碁将棋の後だった。舞台袖で僕らはなぜか感動していた。

残りの枠は敗者復活。これは復活したいと思った。


2008/12/09(火)準決勝 最終話「スターと僕」


ところで楽屋にいると意外な人から声をかけられた。

南海キャンディーズの山里さんだ。

「僕に超そっくりな人いるって聞いたんだけど」と言われ、僕はすぐに村上を連れてきた。

村上と山里さんの初対面。こうして2人を目の前にすると、なんというか人間はやっぱり一人の人から生まれたんだなって思った。元は一つだったんだなって。そんな感じがした。

ルミネ楽屋。

みんな私服で発表を聞くのだが、その中でブレーメンのスター関根が衣装に着替えてる。僕は「何を期待してるんだよ」と言ったらスターは「そんなんじゃないっすよ」と答えた。

結果発表直前。

僕は衣装に着替えていた。たまらなかった。

スタッフが「ではコンビごとにくっついてください」と言ったので、僕は山里さんの隣にいるというボケをしようとしたところ、山里さんが「いやっマジで勘弁して」と言った。

そして合格発表が終了。

なんで衣装に着替えたんだろう。僕は一人寂しく着替えてるとスターが「折れちゃだめっすよ」と僕の肩を叩いた。その時のスターはパンツ一丁だった。全然スターじゃなかった。筋肉質関根だった。

2008/12/19(金) 書くことがないときの日記

生き生きしたいなと最近思う。

バイトしてるときは生き生きしてると思う。ネタ中生き生きしてると言われるがバイトに比べたらそうでもない。ほぼ死んでる。

一体僕はどんなとき生き生きしているんだろうか? それを考えてみた。

第5位　ゲームをしてるとき

第4位　バイトしてるとき

第3位　好敵手と戦ってるとき

第2位　すばしっこいとき

第1位　夕日が沈んだとき

このシリーズは全然評判良くないのにずっとやってるなと思った。

2008/12/24（水）敗者復活

大井競馬場。駅で村上と待ち合わせをする。

お互いほとんど会話もなく会場へと向かう。

競馬場に着き、僕は少し咳払いをしてから「今日は馬なりに頑張ろうぜ」と言った。すると村上は「あ?」と若干切れていた。駅で思いついて一人でクスクス笑ってたギャグだったが、緊張して面白い感じで言えなかったんだなと思った。

控え室ではスター関根がコーヒーを飲みながら競馬場を見下ろしていた。本当にレースが始まるんじゃないかと思った。

そういえばスター関根がネタの最後にお客さんに「メリークリスマス」と言ってた。よくわからないけどとりあえず笑った。

他にもいろんなことがあったはずだが、なかなか思い出せない。スター関根の頭が綺麗になっていて、前日に床屋に行ってるっぽいこととか、囲碁将棋の文田が1人1つの弁当を4つ食べて「敗者復活戦に爪跡を残してやった」と語ってたこととかは覚えてる。

それと家に帰ってからM－1を観た親に「ナイツを目指しなさい」と言われ、申し訳ない気持ちでいっぱいになった。

来年は決勝に行きたいなと思った。

2008/12/25（木）平子　胸板　タイヤ

なぜか毎年行われてるゴー☆ジャス忘年会。

今回は参加者8人と少し増えた。最近ゴー☆ジャスさんはよくテレビに出ているということで、きっとお金も稼いでるに違いない。だけど店は100円居酒屋。ビール1杯100円。安い。あと完全割り勘。

モダンタイムスとかアルコ&ピースとかいつものメンバーが揃い、今年も平子さんの胸板はタイヤと同じ固さだとか語りあい、愉快な飲み会だった。

このメンバーで一番売れたのはゴー☆ジャスさん。だからみんなゴー☆ジャスさんはお金持ちだと思っている。

お会計のときにゴー☆ジャスさんが「5000円出す」と言って全員が「うおおおお」となったが、僕は少し5000円かよって思った。もっと出せるんじゃないかと思った。ただゴー☆ジャスさんの顔は引きつっていた。

帰りにみんなでラーメン屋に行った。

ゴー☆ジャスさんは「明日ラジかるあるから」と言って先に帰った。そのときラーメン屋の替え玉無料券をもらっていたのがチラッと見えた。ゴー☆ジャスさんは去り際に「そんなに稼いでないんだよ」と小声で言った。

いろいろあるんだなと思った。

2008/12/30（火）2008年

仕分けをしている。1年前の僕に見せてあげたい。

> 仕分けをしている、がだんだん一年のオチみたいになってきた。

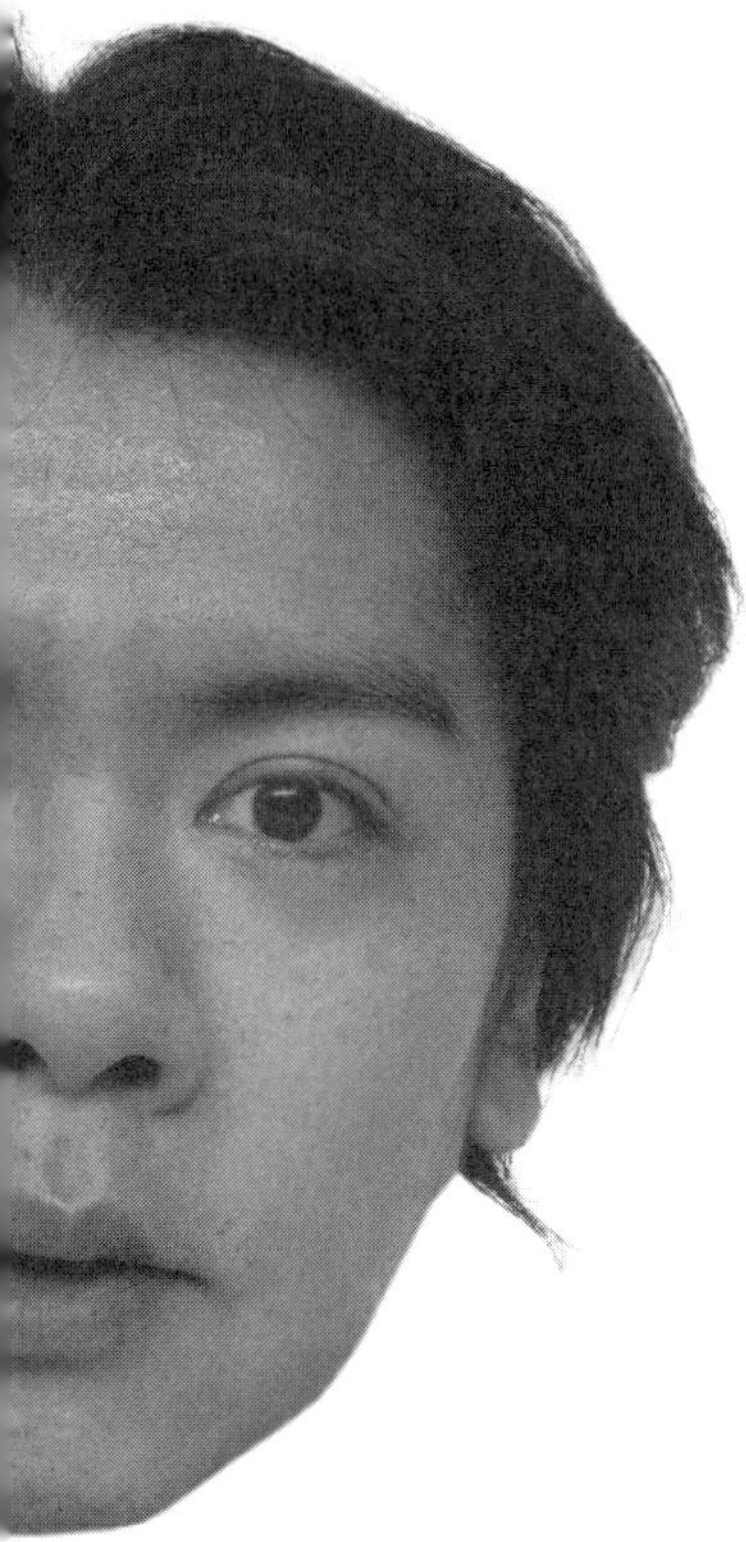

NODA'S DIARY 2009

2009年

2009/01/01（木）新年を迎えていた

一年を振り返ることもなく新年を迎えてしまった。

去年はいろいろあったはずだが、年賀状のせいでだいたいのことを忘れてしまった。利き手も忘れてしまった。

今日は年賀状の配達日。

同じ職場のおばさんが「なんだかお正月って感じしないわねー」と言った。僕は「そうっすね」と答えるとなぜかおばさんは板チョコを食べ始めた。しかも中々チョコが噛み砕けず苦戦していた。そしておばさんは小さい声で「かってぇ」と言った。

今年はどんな年になるんだろうか？

チョコを噛んでいるおばさんを眺めながら、とりあえず良い年になればいいなと思った。

2009/01/06（火）高校生達

年末年始になると郵便局に短期のアルバイトの高校生達がやってくる。

彼らは我が物顔で局内をうろつき、常にメンチ切っていた。たまにメンチを切ってないときはあるだろうが、僕が見たときは常にメンチ切っていた。円グラフにしたらトイレと就寝以外は「メンチ切る」になってると思う。

僕も立場上、その高校生達に作業を教えなくてはいけなかったが、つい最近まで高校生だったのにどう接すればいいのかわからない。

いかつい高校生を目の前に、僕はとりあえず気軽に「うぃす」と声をかけた。するとその高校生は「うぃす」と返してくれた。意外に気さくな奴だった。

手が落ち着かないのでポケットに手を突っ込む。するとポケットに何か入ってるのに気がついた。取り出してみるとそれはのど飴だった。

僕は緊張のあまり高校生に「舐める？」と聞いた。これはやってしまったと思った。

しかしその高校生は頭を少し下げのど飴を舐め始めた。

さらに仕事終わりに僕の方に駆け寄り「のど飴ごちそうさまっす」と一礼をして走り去っていった。

彼のその時の満面の笑みは、まるで黄金のマスクでもかぶったかのように光に溢れていた。彼はツタンカーメンだった。

僕は心が穏やかになった。

あとあんまんが食べたくなった。心が穏やかになった証拠かもしれない。

僕はその後その高校生と打ち解け、共に年末年始の仕事を乗り切ることができた。

ただ彼は仕事が全然できなかった。死ぬほどできなかった。正直帰って欲しいと思った。

2009/01/11（日）やたら普通のお話

渋谷でのライブ帰り。

東横線に乗って帰ろうとさっそく電車に乗る。

中に入ると席が空いてない。僕は空いてる席を探すために電車の中を歩いた。

そこで僕は微妙に空いてる席を見つけた。たぶん子供なら普通に座れるが大人だと難しい微妙な幅。

僕は悩んだ。

正直、渋谷から横浜までは長いので座りたい。無理してでも座りたい。

一見狭そうに見える幅だが、服の裾とかジャンパーの厚みでそう見えるだけで座ると意外に大丈夫だったりすることがある。

だから僕はその席に座った。

そして無理だった。

腕が両隣の人の腕にかぶさって体が前のめりになってる状態。背中は背もたれについてない。

僕は悩んだ。

ここで席を立つのは恥ずかしい。とりあえずはこのままで大丈夫だ。たぶん途中で隣の人も降りるに違いない。

僕は前のめりになりながら意味もなく携帯をいじくる。ものすごく携帯に夢中な人を演じた。少し腰が痛いけど我慢できる。


こうして僕はそのまま横浜駅まで前のめりだった。

2009/01/19（月）観光

浅草花月という舞台に出ることになった。

大御所の芸人さん達と同じ舞台に立てる機会なんて滅多にない。正直結構あると思うがそんなにない。

普段出ているAGEAGE LIVEとはお客さんが違う。年齢層も高く、もちろん僕らのことを知っているお客さんは誰もいない。

村上も「楽屋にいるだけで緊張するなー」と言っていた。

誰に言ってんだろうって思った。


出番1回目。すべる。

確かにまだ浅草の空気をつかめていなかったと思う。

その後、村上と打ち合わせをし「もうあれをやるしかないか」と決断をする。


出番2回目。

僕らの切り札「運動会」のネタを披露。

そして1回目よりもすべる。詰んだ。

出番3回目。ややすべる。


そんな感じで浅草花月は終わった。

帰りにサカイストのデンペーさんとそばを食べに行った。

デンペーさんは「気にすんなよ。そのうちウケるようになるって」と優しい言葉をかけてくれた。他にもよいことをたくさん言ってたがあまり聞いてなかった。

帰り道。夜の浅草を歩きながら村上は「いやーホント浅草観光できてよかったよ」と言った。

雷門の提灯を眺めながら僕は「そうだね」と言った。

2009/01/26(月) 気になる

村上とネタ合わせ。

こうしてちゃんとネタ合わせをするのは久しぶりで、そろそろ新ネタを作ることにした。

今回は早めに形ができ上がり、さっそく合わせてみることにした。

しかしやってみるとなかなかうまくいかない。村上は「まぁやってればよくなるっしょ」と言った。確かにまだ1回目なのでうまくいかないのは当然だ。

そしてもう1回合わす。今度はなかなか形になったものの、次の問題点がネタ時間だ。4分を超えている。これではAGEAGEではやれない。村上は「もっとテンポよくやったら大丈夫っしょ」と言った。しかしAGEAGEでは時間オーバーをするとかなり減点される。僕はそれが心配でならなかった。

すると村上は笑顔で「余裕っしょ」と言った。

その後、僕は村上の「〜っしょ」が気になってネタ合わせに集中できなかった。何に影響されたんだろう。

2009/01/31（土）ノンバーバル映画

ノンバーバル映画という映画の撮影をしてきた。

監督は2丁拳銃の修士さん。

5分くらいの短編映像だがまさかの主演を任されることになった。

どなたかの代役だったが、こんなに嬉しいことはない。

とてもラッキーな仕事だった。


という話を村上にしたところ、村上はまゆげをハの字にして「いいなあ」と言った。

するとそこにピースの又吉さんが近寄ってきて「村上。ノンバーバル映画っていうのがあんねんけどそれに出てくれ」と言った。

村上は小さくガッツポーズをした。

続けて又吉さんは言った。

「誰かにしばかれるってだけの役やけど」

村上は「逆によかった」と言った。

なんの逆になのかがよくわからなかった。

2009/02/05（木）大阪

新幹線で大阪へ行くことになった。

僕はほとんど新幹線に乗ったことがない。乗り方もわからないので村上についていった。


彼は実家が愛知なので新幹線によく乗る。つまりベテランだ。ホームを歩く彼の背中はとても大きく感じた。全体的に大きく感じた。

まず驚いたのが、ベテランは駅弁を買わないということだ。ホームに並ぶ弁当屋を見向きもしないでひたすら歩く。

あとベテランはコーラを買っていた。ベテランになるとコーラを買うようになる。しかもノンカロリーのやつ。ダイエットしてるらしい。先に言ってほしかった。駅弁買いたかった。

大阪でパプア。というコンビに会った。同級生だったら絶対友達になってないだろうなという感じの風貌だったが、とてもよい人達だった。でも同級生だったら友達になってないだろうなと思った。

また大阪に来たいなと思った。

2009/02/08(日)第一印象

1週間くらい前の話。

いつものようにバイトで郵便を配達していると、僕のバイクに1人の子供が寄ってきた。

子供は郵便バイクを眺めながら「かっくいい」と惚れ惚れしながら言った。子供からしてみたら郵便バイクはかっこいいのかもしれない。

僕がバイクにまたがると子供は僕が走り出す瞬間を今か今かと待ち望んだ。

僕はさらにかっこいいところを見せてやろうとバイクを勢いよくふかした。そしてパッと子供の方を見ると子供は無表情だった。そういうのじゃないみたいだった。

本当は乗せてあげたいがいろんな問題があるため乗せられない。

せめて走り出す瞬間だけでもこの子に見せてあげたいと、僕は勢いよくバイクを走らせた。

すると子供は僕に手を振りながら「がんばってね！ ロンゲの兄ちゃん」と叫んだ。僕は片手を上げそのまま走り去った。

いつか大きくなったときにあの子がこのバイクで配達してたら感動するなと思いつつ、バイト帰りに僕は床屋によった。

2009/02/13(金)ランニングも洗った方がいい

ルミネの控え室で衣装に着替える僕と村上。

村上は薄汚れたピンクのセーターの毛玉を取りながらため息をついていた。

今日はルミネの前説。

正直、仕事の中で一番辛いのがルミネの前説だ。僕らのことを知ってるお客さんはゼロに近いし、早くネタが見たいのか、前説中お客さんに「早く始めろ」と怒鳴られたこともある。僕達も前説の技術が足らないので「えへへへ。すいません。えへっへっへへ」と頭を下げることしかできない。とにかく大変な仕事だ。

前説が終わると、次の前説まで暇なので僕らは半分寝ながら舞台の袖に座る。薄暗いので寝やすい。

しかし先輩方が登場したときの歓声で眠気が一気に吹っ飛んだ。会場が沸いた。僕もよくわからないが「あああ」と叫んだ。そのくらいすごい歓声だった。

そんな華々しい光景を見つめながら村上は誰にも聞こえない声で「売れたい」と呟いた。呟きながらセーターの毛玉も取っていた。手伝おうか悩んだ。

楽屋に戻りご飯を食べ、次の前説まで体育座りをして待つ。

目をつぶり、僕達がルミネに出て大歓声を浴びながらネタをやる光景を想像し体が震えた。

僕は村上に「早く売れたいな」と言うと、村上は「え?」と毛玉を取るのに夢中だった。

当分先だなと思った。

当分先どころじゃなかった。

2009/02/21(土) 野田家

うちのマンションの1階には掲示板がある。

この掲示板は管理組合から住民へのいろんな連絡事項などが書かれている。

ある日その掲示板に「未参加　野田家　以上」と書かれているのを見つけた。

僕はすぐに家に戻り、母親に「なんか掲示板に野田家って書いてある」と伝えたところ母は「あぁ。あれね」と事情を話し始めた。なんでもマンションの管理組合の会議みたいのがあって、それにうちの家だけ参加していなかったらしい。

だからといってマンションの住民が全員見る掲示板に「野田家」って書くのはどうかと思う。

母は「次は参加する」と言った。

数日後その掲示板の文字は消えていた。

きっと母が会議に参加したに違いない。これで僕の家がさらし者にならずに済む。僕はホッとして家に帰った。

次の日掲示板を見てみると「野田家」とだけ書かれていた。

昨日消えてたのは母が勝手に消したらしい。

だからといって管理組合も「野田家」とだけ書くのはどうかと思った。

2009/02/25(水) 神保町花月

そろそろ神保町花月の宣伝をしていかなくちゃいけない。チケットを売らないと偉い人に叱られるからだ。

今回は「殺し屋一家の誕生日会」というお芝居に出る事になった。当然殺し屋一家のお話。僕は殺し屋一家の5男。ボケ一切なしのかっこいい男の役。頑張ってかっこつけようと思う。

村上はいつもの感じ。台本を受け取る前からいつもの感じなんだろうなと思ってたら本当にいつもの感じだった。村上は少しだけ鼻からため息をついていた。

そんな感じでダンスもあったり、僕は刀を使ったりで存分に僕の運動神経のなさが分かるお芝居です。

■是非チケット予約してください。メールでもBBSでも日にちと枚数と名前を書いて頂ければ予約できます。

※日曜は売り切れました。

2009/03/04(水)日課

神保町花月の本番が始まり、ずいぶんと忙しくなった。日記もなかなか更新できず、バイトの時間も削った。

しかしこんなときでも欠かさないのが速読。

この前本屋で「走れメロスを速読して右脳を活性化!」という本を見つけ、それ以来僕は走れメロスを速読している。

あと、「走れメロスの朗読を4倍速で聞いて右脳を活性化!」という本も買い、それ以来僕は走れメロスを4倍速で聞いてる。

こんなことしてる暇はないということに気づき始めた僕の脳は活性化されているのかもしれない。

2009/03/10(火) 岩

神保町花月が無事終わった。チケット予約もたくさんの人にして頂き、偉い人に叱られずに済んだ。

ところで今回の出演者に「上原チョー」という芸人がいた。

彼は稽古のときから「バントゥー」などといったギャグを披露し出演者を楽しませた。

明るくて、どんなに辛い時でもギャグをしてくれる彼はこの公演のムードメーカーとなりつつあった。

そして打ち上げの頃には彼は完全にみんなに飽きられていた。

むしろほんの少し嫌われていた。

ギャグはすべり倒し、スタッフさんからは「もうやめて」と言われるほどギャグを連発する。社員さんは「もう出さん」とマジ切れ。

次第に上原チョーの顔は青ざめていき、頬は痩せこけ、最終的に岩みたいになった。

みんなから無視され始め、彼はビールを片手に僕の方にやってきて「いやあ。みんなと馴染むのって難しいっすね」と言ってきた。

なんでいつの間にか僕が上原チョーの仲間みたいになっているのかわからなかった。

ただワキガという共通点を持っていた。

その後僕らに近寄ってくる人はいなかった。僕の顔も少しだけ岩みたいになっていた。

2009/03/16(月) そしてよくたどり着いた

僕はビールを2杯飲むと、ビール1杯分吐く。

この前、指世界選手権という大会が無限大ホールであり、いっせーのせで負けるとテキーラを飲まされるという過酷な大会だった。

とりあえず僕は1回戦目で負ける。そしてテキーラを飲まされる。喉にものすごい刺激がきたが飲めないほどじゃない。いつの間にか僕はお酒が飲める体になっていたのかもしれない。

その後ビリ決定戦に挑み、僕は負け続けてテキーラをひたすら飲む。

びっくりするほどスイスイ飲める。酔いも気持ち良く僕はこのまま何杯でもテキーラが飲めるような気がした。

そして気づくと僕は有楽町のビックカメラにいた。

すごい瞬間移動だった。

2009/03/23(月)騒音

夜中の4時に目が覚める。

昼寝をした日は夜中に起きることが多いが、今回はそうではない。

やたらと外が騒がしい。

マンションの8階に住んでる僕にも聞こえるバイクの音。どうやら暴走族がうちのマンションの前で騒いでるようだ。

きっと1階に住んでる人たちはうるさくてたまらないだろう。迷惑な話だ。

もしも自分の筋肉が半端じゃなかったら彼らを注意しに行きたい。

僕は掛け布団を頭の上までかけてバイクの騒音を遮断し、自分が大量の筋肉を携えて彼ら暴走族に「勝てる気しないっしょ」と言って退散させるという妄想にふけった。

その瞬間僕の足がつった。

「あああ」と言った。僕は独り言は言わないが「あああ」と言った。そのくらい痛かった。

僕はもう暴走族とか筋肉とかどうでもよくなった。とりあえず痛かった。

僕はめいっぱい足を伸ばした。鎮まれ鎮まれと祈った。するとなぜかもう片方の足もつった。

「はああああ」と悲鳴をあげる。ペンと紙があればその紙に「はああああ」と書きたいくらい痛かった。

次の日、母親が「夜中うるさかったわね」と言った。どっちのことかは聞かなかった。

> 大量の筋肉を携えた今でも結局ヤンキー恐い。

2009/03/30（月）春がやってきた

村上から電話が来る。

内容は明日のネタ合わせをどこでやるかなどの確認だった。村上から電話が来るときは大抵あまり良い話じゃないときが多いので僕はホッとひと安心して適当に話を進めた。

そして僕は「じゃあそういうことだから」と言って電話を切ろうとした。

すると彼は「はいはいはーい。了解でぇーす」と言って電話を切った。

僕は耳を疑った。「え？」と思った。

なんで最後の最後でテンションを上げたんだろうか。それまで寝起きみたいなトーンで喋ってたのに。

でも僕ももしかしたら電話の切り際というのはそんな感じなのかもしれない。

確かに思い返してみれば、みんな電話の切り際というのはテンションが高い気がする。

その後バイト先のおばさんから電話がかかってきたので、僕は「はいはいはーい。了解でぇーす」と言った。するとおばさんは「はいはーい。よろしくねーん」と言って電話を切った。

やっぱりみんな切り際はテンションが上がるんだなと思った。

2009/04/06(月)いつもの

ここ最近、家の近くにある定食屋のホイコーロ定食にハマっている。

ほぼ毎日通っていて、店の主人とは会話さえないが店に入ると主人は爽やかな笑顔で僕を迎えてくれる。まさに常連客だ。

しばらく通っているうちに僕はあることを試したくなった。

それは注文を聞かれたときに「いつもの」と答えること。これは僕の夢でもあった。

しかし、いざ店に入ると緊張と不安で中々口に出せない。もし「え？　いつもの？」と聞き返されたら僕は持ち前のフットワークを活かして店から飛び出すだろう。

まさに賭けだ。

注文を聞く主人の澄みきった目を見て、僕は勇気を出し「いつもの」と答えた。

すると主人は「あいよ」と返事をし厨房へと向かった。

僕はなんだか幸せな気持ちになった。「この店の常連客」という称号を主人からもらった気がした。これからも通い続けようという気持ちになった。

そして出てきたのがレバニラ定食だった。いつものじゃなかった。

ただ主人の笑顔だけは「いつもの」だった。

2009/04/14(火) 転職

そろそろバイト先を変えようと思い、コンビニに置いてある無料の求人雑誌をすべて持ち帰り家で読んだ。なるべく働きやすそうなところを探そうと求人雑誌をペラペラとめくる。

求人の広告にはそのバイト先の従業員みたいな人の写真が載ってるが、どの広告を見ても若い女性がVサインしてる写真ばかりでとてもこの人達とは馴染めそうにない。

しかし中には弁当屋の広告で割ぽう着を着たおばさん達がニコヤカな笑顔でVサインをしてる写真があり、ここなら馴染めそうだと求人内容を見てみると「実働8時間、時給750円」と書いてあり、なんでこのおばさん達はVサインをしてるんだろうと疑問に思った。

そして結局今日もバイト先の郵便局へと向かう。

なんだかんだでこのバイトを続けている。

あと今日は郵便局内がずっとキムチ臭かった。課長に「なんですかね?」と聞いたら「わからん」と言った。そのわからんと言ったときの口臭がキムチ臭かった。

やっぱりこのバイトやめたいと思った。

2009/04/20(月) でも結局続けている。第2話

レッドシアター放送翌日。

バイト先でタイムカードを切って職場に向かおうとしているときに課長が僕の肩をポンと叩き「いやあ見たよ! 見たよ!」と満面の笑みで言ってきた。

実は課長には芸人をやっていることを言ってなかったの

でテレビを見てとても驚いたらしい。

そのせいかテンションがものすごく高く、僕は早めにそこから逃げようと「ういす」と言って去ろうとしたら課長は「野田。職場でもどんどん面白いことやっていいんだぞ！」と言って僕の背中を強く叩いた。そして「な！」と言った。僕は「はい」と小さい声で言うと課長は「俺もやっていくから」と小さい声で言った。「やんなくていいっすよ」と一応ツッコんだら課長は「おっ！　今の、おっ！」と興奮し始めた。いいから帰ってくれよと思った。

ようやく課長が去りタイムカードを切ると、今の課長とのやりとりで出勤時間を過ぎていた。

こんなので遅刻扱いにされたくないので、事情を説明しにタイムカードを持って課長のところに行くと課長が「おっ？　おっ？　おっ？」と言った。僕が「え？」と言うと課長は「ん？　ん？」と言った。

やっぱりバイト先変えようと思った。

2009/04/28（火）おきまりのオチ

平日の昼間。村上とネタ合わせをするために新宿へ向かった。

M－1グランプリから半年が経ち、そろそろネタ作りに本腰を入れなくてはいけない。

僕たちはカラオケに入りネタ帳を広げネタ作りに没頭する。

以前僕がトイレに行った隙に村上が熱唱するという事件があったので今回は油断しない。もう遊んでる場合じゃない。

そして前回と同じく無言の時間が続く。お互い何も案が出ないまま、ネタ帳を凝視して固まっている。

これじゃあ何もできないまま終わってしまう。

とにかくなんでもいいから作ってみよう。そしたら何か生まれるかもしれない。僕はおもむろにペンを持った。

そして気づいた。

僕が今持っているのはペンはペンでもデンモクについてるタッチペンだ。

これじゃあ何も書けやしない。

しかし今はそんなことを言ってる場合じゃない。タッチペンでもなんでもいいからノートに書こう。

そして僕はおもむろにノートを取り出した。

そこで僕は気づいた。

これはネタ帳ではなくデンモクだ。僕は愕然とした。

そして「ピピピピ」とデンモクは容赦なく本体に曲を送信する。

そしてSHAZNAの『Melty Love』メルティラブが流れた。

ネタ合わせ中なのにこんなことになって怒ってるだろうなと村上の方を見ると村上はマイクを握っていた。

そして僕らはカラオケを満喫した。

またカラオケに来たいなと思った。

2009/05/05（火）センスも兄弟

春になってから20回近く「おしゃれしたら?」と言われた。

楽屋に入れば芸人に、外に出ればお客さんに、家に帰れば母親に言われた。

実は僕は3月半ばに横浜に初めて服を買いに行った。店員の着てる服を観察し長時間居座り、初めて自分で服を選び買った。

髪を切った翌日に「髪切ったら？」と言われたことはあるが、それとよく似てる。

僕にはおしゃれセンスがまるでない。おしゃれセンスって言ってる時点でセンスがないんだと思う。おしゃれしたのに「したら？」と聞かれたら僕にはどうしようもない。


一体僕は何を着て外に出ればいいんだ。

僕がクローゼットの前で頭を抱えていると、兄が「またテレビ出るんだって？」と珍しく話しかけてきた。僕が「うん」と答えると兄は「じゃあもっとカッコイイ服着ないとな」と言って僕に服を1着くれた。


そして僕がお礼を言う前に兄は去っていった。

そのときの兄の背中は大きく感じた。

僕は感動した。ピンチのとき助けてくれる、それが兄弟なんだなと思った。


翌日、兄からもらった服を着て楽屋に入ると芸人が声を揃えて「ダサッ」と言った。

僕はこの服をクローゼットの奥底へしまった。

2009/05/12（火）誤解

この前のレッドカーペット収録の日の話。

無事リハーサルを終え控え室に戻ろうとしたところ、番組のスタッフさんに「最後カーペットが動いたときに走るやつやったらいいじゃないっすか」と言われた。走るやつとはその場で前に進まずに走るという僕の特技だ。

それに対して村上も「やったらいいじゃん」と言った。

まぁせっかくだしやろうかと思って「わかりました」と返事をした。

そして30分くらいしてから僕は気づいた。

動くカーペットの上であの走るやつはできるのか？

前に進まず走るということはつまりカーペットと同じ速度で進むということなのか？　もしくはカーペットよりも早く進むことになるのか？　もしかしたら前に進まないわけだから僕はずっと舞台に取り残され走り続けるのではないか？　そうなったら放送事故だ。

そもそも動く床の上であれをやったことはない。

一気に緊張が走る。

本番までの4時間近くの空き時間。僕はひたすら鏡の前で走るやつの練習をした。

レッドカーペット初登場で事故だけは起こしたくない。

周りからの白い視線を感じながらも僕はとにかく走り続けた。

そして本番。

ネタは特に間違えず順調に進んだ。ここまではいい。

そして最後村上の「こっちみてるー」という甲高い声と共にカーペットが動きだした。

僕は「今だ」と思い走った。

もう事故になってもいい。僕は無我夢中で走った。

そして気づくと僕は村上と共に舞台袖にいた。

「やった。成功した」

こうして僕は初レッドカーペットを無事こなすことができた。

後日、放送を見た母親からメールで「最後あなた嬉しくて走っちゃってましたね。お母さんも走りたくなりました」と言われた。

やんなきゃよかった。

2009/05/19（火）喧嘩

本番前の楽屋では、いろんな芸人がネタ合わせをしている。

「なんでそんなのも覚えられねーんだよ」「ここはこうボケた方がいいだろ」などとコンビによっては白熱しすぎて喧嘩になっているところもある。

どんな舞台でも手を抜かない。みんな必死だからこそ意見が割れる。喧嘩するのも仕方がないと思った。

この前、ネタ合わせの最中に村上と喧嘩になった。

村上は「楽屋は暑すぎる。お願いだから外でやろう」と汗をダラダラ流しながら僕に言う。僕は「ふざけるな。外は寒いだろ。ここでやろう」と言い返す。

「季節感なさすぎる」

「おまえ4月から半袖だろうが」

などと本番まで楽屋が暑いか寒いかで喧嘩をし、最終的に「衣装のせい」という結論になった。

ネタ以前の問題でもめるのはどうかと思った。

次の日、村上の要望に応え、外でネタ合わせをすると村上は「いやー涼しくて気持ちいいね」と言ってそのまま寝た。帰れよって思った。

2009/05/26（火）心霊スポット巡り

「心霊スポットに行かないか?」と地元の友人に誘われ、一緒に行くことにした。

こいつとは以前ビリヤードに誘われ、お互いルールを知らなかったため何もせずに帰った以来だ。

その友人の車に乗り込み、いざ横浜の心霊スポットを目指し出発した。

「心霊スポットの場所は知ってるのか？」と念のため聞くと友人は「たりめー」と言った。「え？」と言うと友人は「あたりめー」と言い直した。別にどうでもいい会話だった。


そして走ること10分。友人は急に車を止め「しょんべんしてくる」と言って車を降りていった。

その周辺にはトイレはなく、なんだか薄気味悪い地蔵の横で彼は[redacted]ションをしていた。

「悪い悪い。いつもここ来るときはここでしょんべんするんだ」そう言って彼はまた車を走らせた。

さらに走ること10分。

「まだ着かないのか？」と彼に尋ねると、彼は「さっきのとこは第1ポイントだ」と言った。

「さっきのとこ？」と聞き返すと、彼は「俺がしょんべんしたところ」と言った。

えええと思った。しょんべんしただけじゃんって思った。

しかし彼は笑いながら「まだ一番有名な心霊スポットあるから」と言ってつまようじをくわえた。何も食ってないだろって思った。


そしてたどり着いたのは、ひとけのない不気味なトンネル。あたりは静まり返っている。

さすがに友人も口数が減り、僕はすぐにここから離れたくなった。

僕が「もういいだろ。帰ろう」と言うと、彼は「いやっちょっと待ってて」と言って車を降りた。

記念に写真でも撮るつもりらしく僕もついて行こうかと思ったが、とても車から降りる気になれずじっと待っていた。

友人がいなくなった車内は妙な静けさがあった。

待つこと5分。

僕はたまらず車から降りた。

そして彼の背中を見つけ、僕はその背中に向かって「おーい」と声をかけた。

すると友人は「おう」と返事をし、よく見ると●●ションをしていた。

彼は「たまらん」と言った。意味がわからなかった。


そして帰った。

2009/06/02(火)野田さんのせい

前のAGE AGE LIVEでメルヘン倶楽部の山内拓磨がライブ終了直前に急に前に出て自分のスカートをめくり上げお客さんが全員引くという出来事があった。

僕も引いていた。

急にどうしたんだ? 僕は何があったのか知りたくてライブ終わりに楽屋で山内拓磨に事情を聞きにいった。

すると彼は「野田さんのせい」と言った。

何でもメルヘン倶楽部と僕らが一緒の日は必ず僕が彼のスカートをめくっているらしい。でもそのときいつも男物のパンツをはいていたので、今日彼は事前に女性用のパンツをはいて、いつめくられても良いように準備していた。しかし、この日に限って僕がめくらないものだから、もったいないと思ってライブの最後に自分でスカートをめくったそうだ。

何がもったいないのか僕にはよくわからなかった。


後日メルヘン倶楽部と一緒のライブに出たとき、もしかしたら今日も仕込んであるのかと彼のスカートを眺めていたら、彼はスカートを両手で隠し照れた表情をした。殴りたくなった。

2009/06/08(月) 吹きたくなる男達

5円玉みたいに真ん中に穴があいたラムネ。名前はなんていうのかわからないが口にくわえ吹くと音が鳴る、小さい頃よく食べていたそのラムネが家に置いてあった。

僕は懐かしくてそのラムネを口にくわえピューピュー吹いて音を鳴らして遊んでいた。

すると兄が僕の部屋にやってきて「うるせえ」と怒鳴った。

僕は慌ててそのラムネを噛み砕いて飲みこんだ。

しかしこのラムネは一度口にくわえるとどうしても吹きたくなる。

仕方がないので僕はそのラムネを家のタンスにしまった。

その日の夜、兄と父の部屋からピューピューという音が聞こえた。

もうすぐ夏だなと思った。

2009/06/15(月) あとため息がキムチ臭い

神保町の稽古の関係で、バイトを2週間ほど休むことになった。

課長に「2週間ほど休ませていただきます」と伝えたところ「旅行?」と聞いてきた。

「いや、ちょっとお芝居に出ることになったんで」と説明すると「へえ。まあ旅行でも全然いいんだけどね」と言った。

言ってる意味がわからず適当に相づちを打つと、課長は芝居臭く両手を頭の後ろに組んでため息をつきながら「旅行行ってねぇなぁ」と言った。

「そうなんすか」と言ってその場を去ろうとすると課長は「俺も旅行行きてえなあ」と大きい声で言った。

「いや僕は旅行じゃなくてお芝居の稽古で」と言いかけたところで課長は「ういういうい」と言った。

イラッとした。

「本当にお芝居の稽古で」と言うと「うーいういうい」とまた言った。


僕は「じゃあそういうことで」と言って去ろうとすると課長は「ういー」と言った。

そして僕の去り際、課長はため息はつきながら「旅行ねえ」と呟いた。

もう旅行ということにしておいた。

2009/06/23(火) 間違えて違う人の日記に書いちゃったの巻

この日記のことを完全に忘れていた。なので今週は日記お休みということで。

代わりに2700のツネのブログに日記を書きましたのでよかったら見てください。

内輪なこともしてたんだなー。

2009/06/30(火) 必死

「いやあー。痩せたわー」と村上は満足げな顔をして自分のお腹をさすっていた。

神保町花月の稽古期間中彼はずっとダイエットをしていたらしく、彼は「ほら」と僕にお腹を見せて「ね?」とニコッと笑った。

確かにお腹はへっこんでいた。しかし妙に胸板が厚くなっている気がする。でも僕は一応「ああ。痩せたね」と答えた。

すると彼は満面の笑みを浮かべ「いやあー」と楽屋においてある丸椅子に手をかけ「痩せたわー」と椅子に座った。

その瞬間彼のお腹が一気に膨らんだ。

僕はすかさず「おまえ今お腹膨らまなかった？」と聞いた。

すると彼は「え？　そんなことないよ」と言って立ち上がり「ふしゅうー。ほら」と言ってお腹を見せてきた。

確かにお腹はへっこんでいる。

でもやっぱり胸板が妙に厚いし、「ほら」と言う前に「ふしゅうー」と息を吸ったのも気になる。

僕はおもいきって「おまえお腹へっこませてない？」と聞いた。

すると彼は笑いながら「いやいやいや。へっこませてないから」と言った。

僕は「そうか。ごめん」と謝った。

そして彼は「それにしてもー」と言ってまた椅子に手をかけ「痩せたわー」と椅子に座った。

その瞬間彼のお腹が一気に膨らんだ。

2009/07/07（火）七夕大喜利

郵便局の前に竹が飾ってあり、それになにやら文字が書かれた紙がつるしてある。それを見て僕は今日が七夕だということに気づいた。

その竹の横に短冊の束が置いてあり、横にいたおばさんが「野田君も何か願いごと書きなよ」と少しにやけながら言ってきた。僕はとりあえず短冊に「健康第一」と書いて竹につるした。

それを見たおばさんが「へえ。ふつう」と言った。

じゃああんたは何を書いたんだと短冊を見てみると、おばさんは一言「治りますように」とだけ書いてあった。何かものすごく心配になった。

局内に入ると課長が「短冊書いた？」と聞いてきた。僕は「はい」と答えると課長は「なんか面白いことでも書いたんだろう？」と半笑いで言った。そして課長は半笑いで「後で見てみよう」と言って去っていった。

これはまずい、と僕は急いで竹の飾ってある場所まで戻り、何か面白いこと書かなくちゃと短冊に「右と同じで」と書いた。ライブだったら軽くすべるボケ。でも「健康第一」よりはマシだと思い、それを竹につるした。

その短冊を見た課長は半笑いで「あれは俺も思いついたわー」と言った。

すぐに自分の短冊をゴミ箱に捨てた。

2009/07/14（火）チキンクリスタルの日記

渋谷のギャルはどこでも座る。道の真ん中。お店の前。いたるところに座っている。

この前、無限大ホールに向かおうと渋谷駅の下りエスカレーターに乗ったところ、そのエスカレーターの降りた先にギャル数人が座っているのに気づいた。

乗る側に座っているならギャル達を避けて階段を使っているところだが、そのギャル達はまんまとこのエスカレーターに乗った奴を降りた先で待ち伏せするタイプのギャル達だった。

やられた。僕はこの自動で階段を降りられるという便利機械によって強制的にあのギャル達と遭遇することになる。遭遇したらきっとものすごい気まずい。

僕は唾を飲み込み、ゆっくり階段を1段1段上る。しかしこれは下りエスカレーター。どんなに階段を上ってもあのギャル達のもとへと引きずりこまれる。まさにアリ地獄だ。

みんなあのギャルに気づいていたのか、この下りのエスカレーターには僕しか乗っていない。

階段を降りている人たちは哀れな目で僕を見る。中には一体どうなるのかと興味津々で見ている人もいる。

普通の大人ならここで「君達、こんなところで座ってたら迷惑だろ」と注意するものだが、僕みたいな末っ子チキン野郎には無理だ。Ｂａｇｅ芸人にあのギャルを叱る勇気などない。

仕方ないので僕はなにくわぬ顔でそのギャルの固まりを横切ろうとした。

するとギャル達は「はいっ！　君は通っていいよー」と言った。

こうして僕は何かしらの試験を通過した。

2009/07/22（水）ムトアーのがわしゅく・オンゲリでみちたー

夙川アトムさんとモダンタイムスとしさんと僕で『エヴァンゲリヲン新劇場版：破』を観に行った。

アトムさんは「いやーエヴァ楽しみだなー」とニコニコしながら言った。

そんな嬉しそうな顔を見て「アトムさんもかなりエヴァ好きそうですね」と言うとアトムさんは「観たことはないんだけどね」とニコニコしながら言った。

まぁ初めて観るのもまたその楽しみがあるのかもしれない。

とりあえずアトムさんの息は酒臭かった。

さっそく劇場内に入ると、客席は完全に埋まっていて完全に出遅れた僕らは立ち見になってしまった。

「どうします？　次の上映まで待ちます？」と僕が言う

とアトムさんは「こっち空いてますよー」と僕達に手を振った。

　僕はホッとしてアトムさんの方に向かうと、アトムさんは非常口と書かれたドアの前で「特等席ですよー」と言って体育座りをしていた。

　僕もとりあえずそこで体育座りをすると、画面の下半分が椅子に座ってる客の頭で見えず、ドアにもたれるとドアが開いてそのまま倒れてしまい、微妙に斜面になっているので足のふんばりが疲れる。

　さすがにこれはきついと思い「ちょっとここしんどくないですか？」とアトムさんに言うと、アトムさんは「分かった。業界人の力を見せてくるよ」と言って劇場関係者の方へと向かった。

　まさかタレントパワーを使い席を空けてもらう、もしくはＶＩＰルームみたいのがあり本当の特等席へ案内されるのか？　さすがは業界人・夙川アトム。Ｒ－１決勝に行くだけある。

　そして数分後、アトムさんが戻ってきて「野田君もらってきたよー」と言った。

　僕は「何をですか？」と聞くとアトムさんは「これ」と言って僕に座布団を渡した。

　そして映画の内容など全く集中して観れないまま上映は終わった。

　アトムさんは「いやーエヴァ面白かったー」と言ってパンフレットをゴミ箱に投げ捨てた後、「じゃあ飲みに行きますか」とニコニコしながら言った。

　僕はその後一人でエヴァを観た。

2009/07/28（火）有り余る体力の行方

今日、「よしもと若手だらけの大運動会!!～いざ出陣！お笑い戦国時代～」が行われた。

100人以上の芸人が参加するこのイベントで一人目立つのは難しい。

しかし若さでは負けていない。

必ずどこかで目立ってやろうと控え室で沸々と込み上げてくる興奮を抑えながらストレッチに明け暮れていた。

開演直前。

控え室では誰がどの競技に出るかを決めていた。

僕は今にも「全部」と言いたい衝動にかられたが、他のメンバーのことも考え「なんでもいいですよ」と答えた。

何の競技に参加しても必ず活躍してみせる。僕の興奮とテンションはピークに達し、今にも走り出したくなった。

今ならいくらでも走れそうな気がした。


種目が決まり、アキレス腱を伸ばしながらメンバーに「僕が出る競技はなんですか？」と聞いたところ「競歩で」と言われた。

その後、僕は競歩リレーに参加した。

意外にちょっとだけ早かった。

出番は一瞬で終わり、汗ひとつかかなかった。

出番が終わった僕は体育座りをしてみんなの活躍を見守った。

帰り道、出待ちをしているお客さんの「え？　あいつ出てたっけ」という視線を感じながら、僕は競歩で帰った。

少しだけ駅に早く着いた。

2009/08/04（火）そんなセリフはない

神保町花月の稽古が始まった。

村上は前回同様、役柄がなんとなく村上っぽかった。基本的に神保町で任せられる彼の役は村上っぽい。

そして今回僕はツッコミ役を任せられることになった。

今のところ、真犯人役↓バンドのメンバー役↓侍役↓怪人役↓ツッコミ役と来てる。

完全に役をさまよってる。

そんなこんなで僕は今日も右手の甲をボケた人間の左肩に当てて「もうええわ」と言う練習をしている。

練習の成果が出ればいいと思う。

2009/08/11（火）朝6時

朝、稽古が終わり家に帰ると母親が「どこいたの？」となぜか半笑いで聞いてきた。

お芝居の稽古をしていることは母も知っている。

「違うわよ。さっき地震があったときどこにいたの？」

地震？　と思いテレビのニュースを見てみると、そこで初めて地震があったことを知る。

「ねぇ地震があったときどこいたの？　ねぇねぇ教えてよー」と半笑いで聞いてくる。

僕は「帰りの電車かな」と答えた。

「うそ〜。電車止まったでしょ〜」

「止まらなかったけど」

「お母さん地震のときね、家にいたの家に」

「そう」

「家にいたのよー」

結局母がなんでそんなテンションなのかは聞けなかった。

父曰く「急にテンションが上がった」らしい。

地震があるとテンションが上がる人なのかもしれない。

2009/08/18(火) ひとくだり

ようやく神保町花月が終わった。(1年前の日記を見ると奇跡が起きてる)

毎回神保町花月が始まると、村上が共演した女優さんに恋をするという決まりができている。

そして毎回公演が終わった後の打ち上げで、村上はその女優さんに告白するというのも決まりになっている。

過去5回ほど神保町花月に出て、すべて村上の恋は敗れ去っており、次第に出演者もそれを期待し始め、打ち上げになると村上に告白を促すようになった。


当然、今回の公演も村上が女優さんに恋をしたものだと思い「告白しろー」「村上いけー」と出演者は告白を促した。

村上はニヤニヤしながら女優さんに「僕どうですか?」と聞いた。

すると女優さんは困った表情をしながら「痩せたらいいと思います」と答えた。

村上は「やっぱりダメだったかー」とニコニコしながら言った。

毎回恒例の打ち上げでのひとくだりが終わり、なにごともなかったかのように打ち上げは再開された。

その後タバコを吸いに喫煙所へ向かったところ、村上が夜空を眺めながら「ふう」とため息をついていた。

次からはこのくだりをやめてあげようと思った。

たしかに奇跡が起きてた。

2009/08/25（火）旅行記

マギカルラブリーの旅行記が無事終わった。

プロデューサーに「10万やるからどっか遠くへ行ってこい。日帰りで」と言われ、僕たちは佐渡島に行ってきた。

なぜ佐渡島かというと、村上曰く「佐渡は砂金が取り放題。2キロ取れば800万になる」とのこと。

それを聞いた僕は「M－1とか出てる場合じゃないだろ。砂金取った方が早いだろ」という話になり、僕らは10万を使い800万を取りに行くことにした。

そして片道5時間。

着いた先は砂金取り施設だった。

30分500円で砂金取り放題。

目標2キロを目指し30分頑張った結果、取れた砂金は0・1グラムだった。

僕は愕然とした。

このままだと大赤字になるので僕たちは砂金が取れる川を自分たちで探し、そこで死にもの狂いで砂金を取った。

十分すぎるほどの砂金を取り、ホッとひと安心して東京に帰った。

後日換金した結果、僕たちが得たお金は600円だった。

僕たちが取ってきたのはほぼ石だった。

一つ大人になれた、そんな旅行だった。

2009/09/01（火）5分で飽きられる男

大秒殺という大規模な一発ギャグのライブがあった。

このライブには若手から中堅、売れっ子、関西、他事務所などたくさんの芸人が集まり、楽屋はお祭り状態となっていた。

初めて会う芸人さんばかりで人見知りの僕はたまらず楽屋から飛び出し、トイレの前で体育座りをして出番を待っていた。

そこで背後から「トゥー」という声が聞こえた。

上原チョーだ。

「野田さん何してんですか。トゥー」と、幕末なら切り殺してるだろう彼の絡み方もここでは仲間に会えた嬉しさでいっぱいになった。

それから5分くらい彼のギャグを半笑いで見ていたが、彼は急に「じゃっ」と言って楽屋に入っていった。

僕は寂しい気持ちでいっぱいになった。

この楽屋で唯一の仲間であった彼はテレビに出てる人気者。僕とは違い、ここにはたくさんの仲間がいるに違いない。

僕はまたトイレの前で体育座りをした。

1時間後。

自分の出番が終わり舞台裏に戻ると、上原チョーがトイレの前で体育座りをしていた。

その切ない表情は僕の仲間である証だった。

2009/09/08（火）この季節になると思い出す

まだ僕が制服を着てライブに向かっていた7年くらい前の話。

学校ではクラスメイトから「野田君って芸人めざしてるでしょう!?」「すごーい」と言われ、僕はその度に「目指してるんじゃない。もうやってるんだ」と言い返した。

「えーライブとかやってるの？　見に行きたーい」と言われ、僕はそのクラスメイトに自分の芸人姿を見せつけてやろうと、その日のライブに招待した。

僕が舞台で大爆笑をとっているとは思わず「この人普通に学校に来てるけど、本当はものすごい人だったんだ」ということを知り、それが口コミで広がり「野田は実は芸能人だ」という噂が飛びかい、そのまま僕は学校を中退して神格化するという妄想をしながら「はいどーもー」と勢いよく舞台に飛び出すと、お客さんはそのクラスメイトだけだった。

今年もM－1グランプリの季節がやってきた。

決勝に立つという妄想をしながら今日も舞台に飛び出す。

客席は満員だった。

> ダサー。うおおおお。ダサー。消したーい。

2009/09/16(水) すっぱいランニング

僕が着ているランニングは父親のランニング。

ライブのときは父親のタンスから勝手にランニングを持ち出している。

ちなみに父親がそれに気づいたのは僕がレッドカーペットに出たとき。テレビで見て「あれ俺の」となったらしい。

バイトの給料も入ったので、そろそろ自分のランニングが欲しいと思いスーパーで新品のランニングを買った。

遂に僕はマイランニングを手に入れた。

僕はそれを大事にタンスにしまい、次のライブに備えた。

ライブが待ち遠しい。


次の日、父親がマイランニングを着ていた。

文句は言えなかった。

2009/09/23(水) 人間の神秘

久しぶりの営業が終わり、片道1時間かかる帰りの電車。

静かな電車に僕と村上はなぜか隣同士で座り、ひと言も喋らないまま電車の走る音だけが聞こえた。

お互い疲れているのかもしれない。

寝たのかなと、ふと村上の方を見ると村上がものすごい二重アゴになっていた。

顔を引っ込ませて顔をものすごい二重アゴにしていた。

いつからやってたんだろう。

もしかしたら結構前からやっていて、僕がそれに触れるのを待っていたのかもしれない。


申し訳ない気持ちでいっぱいになり、僕はそっと「なにしてんの」と話しかけた。

すると村上は「二重目のアゴに1段目のアゴを乗っけて

休んでいるんだ」と言った。

僕は「そうか」と答えた。

電車の走る音が少し大きくなった気がした。


2009/09/29(火) これが逃げ道

特に記念すべきことでもないが、日記をさかのぼってみるとこの日記は、2006/03/13(月)から開始されている。

つまりかれこれ3年と半年この日記を書き続けていることになる。

ただひたすらに下手な文章を無駄に長く書いたこの日記も、これだけ書き溜めるとちょっとしたサクセスストーリーになっている。

軽く読み返してみるとほとんどが郵便局の話で、なんで郵便局の話がこんなにも多いのかというと、他に書くことがないからだと思う。

芸人だからといって変わった日々を過ごしてるわけでもなく、今日も僕は普通に郵便配達をこなしている。

そして今日もこんな総まとめのような日記を書くのもまた、まるで書くことがないからだ。

> ようやく3年半。あと6年もある。気が狂いそう。

2009/10/06(火) サプリメント

ここ最近体力が減っているような気がしたのでジョギングでも始めようかと思ったが、雨が続いたのでやめることにした。

簡単に体力が戻る方法はないかと薬局に行き、若い店員さんに「何か体力が増えるやつってないですかね」と尋ねたところ店員さんは「むずいっすねー」と言った。

その店員の隣には「体力増進！　サプリメント」という看板があった。

僕は店員に「そのサプリメントっていうのは効果ないんですか？」と聞くと、店員は「そうっすねー」とサプリメントを手に取り「むずいっすねー」と言った。

「毎日飲まないといけないっすからねー」

「毎日飲めば効果あるんですか？」

店員は「そうっすねー」とサプリメントの成分を見てから「むずいっすねー」と言った。

とりあえずむずいって言うのだけはわかった。

2009/10/13（火）タイトルをつけるのは大変だ 第2弾の巻

ＴＳＵＴＡＹＡで見つけたセンスのない映画タイトルを紹介するこのコーナー。

第1弾から2年が経ち、また新たにセンスのないタイトルがＴＳＵＴＡＹＡに溢れかえってる。それを紹介していこう。


「地獄に堕ちた勇者ども」

↓口悪すぎる。


「ベニスに死す」

↓韻を踏む意味がわからない。


「お父さんのバックドロップ」

↓完全に5分ネタ。バックドロップで暗転。

「ミラーを拭く男」

↓全然偉大じゃない。

「もっとしなやかに　もっとしたたかに」

↓黙れ。

「いきすだま～生霊～」

↓いきますだ～に見える。紛らわしい。

「アニーよ銃をとれ　第5巻」

↓まだとらない。もうとる気ない。

「コワイ女」

↓帰れよ。

まだまだいろんなタイトルがあり紹介しきれない。

なのでまた第3弾があるかもしれない。

映画のタイトルはちゃんと考えた方がいいと思う。

2009/10/20(火) 夏は終わっていた

今年の夏はミニ扇風機を買ったため、なんとか夜ぐっすり眠ることができた。

僕の部屋は夏になるとやたら蒸し暑く、毎年どこかで手に入れたうちわでその夏を乗り切っていた。

「ありがとう」と小さく呟き、僕はそのミニ扇風機を押入れにしまったところ、その押入れの奥になにやら大きなダンボールがあることに気づいた。

僕は気になったのでさっそくダンボールをあけてみると、長方形の重い機械が入っていた。

なんだかエアコンぽかった。

んなバカなと思った。

僕は試しにコンセントを差し込み、ボタンを押した。するとその機械は「うぃーん」と音がなり冷たい空気が流れた。

僕は頭を抱えた。

僕の部屋にはエアコンがあったのだ。

しかし夏はもう終わっている。

僕は来年の夏までこのエアコンを押入れにしまうことにした。

もしかしたら暖房器具もあるんじゃないかと思って探したら、ミニホットカーペットがあった。

全然暖かくなかった。

2009/10/27（火）モデル

スーパーで弁当を買ってレジに向かおうとしたところ、レジの前にふ菓子があった。

僕はそれを見たら異様にふ菓子が食べたくなってしまい、もうすでにレジに並んでしまったので慌てて方向転換をしたところ、ものすごい勢いでこけてしまった。

雨で床がすべりやすくなっていたせいで、ものすごい勢いですべった。ふ菓子は飛び散り、僕の足は「光」という字を逆さにしたような感じに天井に跳ね上がっていた。しかも思わず「うおー」と言ってしまった。

僕は恥ずかしさのあまり急いで会計を済ませてその場を去った。

次の日、またスーパーに行くと僕がこけた場所に「すべりやすいので注意！」という張り紙が貼ってあった。

まさかと思い、お会計のときに店員さんに「これ僕が転んだから貼ったんですか？」と聞いたら店員さんは「いえいえー他の方もよくそこで転んでるんですよ」とニコヤカに言った。

僕はホッとし、もう一度その張り紙を見てみると「すべりやすいので注意！」と書いてある下に転んでる少年の絵があり、その転んでる少年の足が「光」を逆さにしたかのような感じになっていた。

僕はもう一度店員に「あの絵は僕ですかね？」と聞くと店員さんはニコヤカに「いえいえー違いますよー」と答えた。

あぁそうだよなと思って会計を済ませ、もう一度よく張り紙を見てみるとその転んでる少年の絵の横に「うおー」と書かれていた。

完全に僕だと思った。

2009/11/03（火）封印された特技

オーディションである特技を披露したところ、イメージ通りにいかずアゴをケガしてしまった。

その後病院に行って消毒してもらったところ、医者に「どうやったらこんなところケガするんだい」と言われ、いちから説明するのが恥ずかしかったので「ちょっと転びまして」と誤魔化した。

しかし医者は「いやいや。普通に転んだらこんなところ打たないよ」と言った。

僕は「まぁいろいろありましてー」とまた誤魔化した。

そして消毒が終わり最後にガーゼを貼ってもらうときに医者が「例えばスーパーマンみたいにこう水平にジャンプしたりしたらアゴも打つかもしれないけど」と冗談混じりで笑いながら言った。

僕も笑いながら「確かにそうですね」と言って診察室を去った。

帰りの電車で僕はネタ帳を取りだし「特技、水平ジャンプ」と書かれたところにバツをした。

8針縫った。ケツアゴになりかけた。

2009/11/10(火) 侍になりたいよー

楽屋でネタ合わせをした。

新ネタを次の漫才広場までに作らなくてはいけないため、僕たちはかなり焦っていた。

しかし焦れば焦るほど良いネタは思い浮かばず煮詰まった状態となってしまった。

すると村上は「なんかネタないかなー」と言って近くにあった週刊誌を広げた。

確かにそういう本には何かヒントがあるかもしれない。

僕はとりあえず下を向いて考えることにした。


1時間後。

さらに煮詰まってしまい、無言の時間が続いた。

こうなったら村上に頼るしかない。

僕はふと村上の方を見ると、村上は足を組んでコーヒーを飲みながら週刊誌のページをめくっていた。

その姿を見て僕は思わず「ネタ探してんだよね?」と聞いた。

すると村上は「うん。でもなかなか見つかんなくてねー」と言って週刊誌のページをめくった。

僕は「そうか」と言ってまた下を向き考えこんだ。


2時間後。

僕の頭は完全にパンクし、ただ下を向いてうなることしかできなかった。

もう村上に頼るしかないと思い、ふと村上の方を見ると村上がヤングマガジンを読んでいた。

村上は「ネタないなー」と言ってコーヒーをすすった。

僕は「んー」と言って下を向いた。


3時間後。

僕と村上は『るろうに剣心』を読んでいた。


僕は将来侍になりたいと思った。

2009/11/17(火) ハンター×ハンター部

この前の松橋・西島のトークライブに出た時に時間が無く途中までしか語れなかったが、僕はハンター×ハンター部を作りたい。

以前、ジューシーズ赤羽とたまたま『ハンター×ハンター』の話で盛り上がり、予想以上に吉本には『ハンター×ハンター』が好きな芸人が多いのではないかという話になり、赤羽が「ハンター×ハンター部作っちゃいましょうよ」と言ったのがキッカケだ。


こうして僕はハンター×ハンター部会長になり、人員を集めようと「ハンター試験をやろう」と言った。

ただ好きなだけで入れるのも『ハンター×ハンター』らしくないのでハンター試験で入部の資格があるか見極めることにしたのだ。


赤羽が「試験ってどんなことやるんすか?」と目を輝かせた。

僕は「ハンター試験っていうくらいだから、生き死にをかけるくらいのことはするよ」と答えると赤羽は「じゃあいいっす」と言ってこの場を去った。

次に近くにいたインポッシブル蛭川に「ハンター×ハンター部入らない？」と誘った。

体型や雰囲気的にも『ハンター×ハンター』に出てきそうだし、まず強そうだ。

「蛭川ならハンター試験免除してもいいぜ。どう入らない？」と聞いたところ、蛭川は「いやっいいっす」と速攻で断った。

最後に少年少女坂口がいたので試しに「ハンター×ハンター部入る？」と聞いたところ「あっはい」と答えた。

相づちのように返事をされたが、こうして僕は部員を1人確保した。

「じゃあよろしくね」と言うと坂口は『ハンター×ハンター』ってなんですか？」と言った。

現在ハンター×ハンター部は僕一人。

今日も感謝の正拳突きを1万回こなしている。

2009/11/24（火）配達日記

配達先でのトラブルは日常茶飯事だ。

とあるお宅に書留を配達しにチャイムを鳴らしたところ、中からおじさんが出てきて「うるせーんだよ」と怒鳴られたことがあった。僕はめんどうはごめんなので頭を深々と下げその場を去ろうとしたところ、そのおじさんは「おい」と呼びとめ「次はノックしろ」と怒鳴った。

次の日またその家に配達に行った。

僕は昨日言われた通りドアをノックしたところ、またおじさんが出てきて「うるせーんだよ」と怒鳴った。

さすがに僕は「しかし昨日ノックしろと」と言いかけると、おじさんはかぶせ気味で「うるせえええ」と言ってドアを勢いよく閉めた。


次の日またそのおじさん宛てに書留があり、なんでこの人にこんな書留が来るのかも謎だったがとりあえず憂鬱ながら配達に行ったところ、チャイムのところに「静かに鳴らしてください」と書いた札が吊るしてあった。

もしかしたら軽く押せば静かに音が鳴るタイプのチャイムかと思い、僕は指に全神経を集中させチャイムをそっとやさしく押した。

すると中からおじさんが出てきて「うっるせえええええ」と怒鳴った。

僕は頭を深々と下げた。

2009/12/01(火) 11月28日

朝起きると食卓にチーズケーキと味噌汁が置いてあった。

僕は味噌汁をすすりながらチーズケーキを箸で食べていた。


しばらく何も考えたくない気分と考えなくちゃまずい状況が重なり、いったん全部忘れた方が良いのか、このことは忘れてはいけないのかと試行錯誤をした後、ぼーっとしたまま足は郵便局に向かっていた。

局内に入ると課長から「誤配してるぞ」と叱られ、その誤配した郵便をまた誤配する。

そして課長に怒鳴り散らされながら、僕は来年のことについて考えていた。

来年はどんな一年にしようか？

何も思いつかないまま家に帰り、お腹がすいたので冷蔵庫をあけると中にはチーズケーキが置いてあった。

そういえば朝もチーズケーキがあった。

なんでケーキ？

そのチーズケーキを半分くらい食べ終わったときに、僕はそのケーキが母からのバースデーケーキであることに気づいた。


僕の誕生日とM－1グランプリの3回戦は毎年重なる。

来年のケーキはもう少しおいしく食べたいと思った。

2009/12/08（火）Windows7

新しいパソコンを買った。

噂のWindows7だ。

性能も素晴らしくこれで快適なひきこもり生活を送ることができる。

さっそくそのパソコンでニコニコ動画のゲーム実況を見ていたところ、急にパソコンから重低音が鳴った。

そして画面は青くなり謎の英数字が表示され、プツリと電源が切れた。


ブルースクリーンだ。

原因がわからずサポートに問い合わせたところ、「電力の供給が不十分かもしれません。ドライヤーと電子レンジの電源を落としてください」と言われた。

しかしドライヤーも電子レンジも使うものだ。これが使えなくなるのは厳しい。

しかし「修理に出す場合は2週間ほどかかります」と補足され、2週間後には年賀状の仕分けが始まってパソコンは使えない。

修理に出すか、電子レンジとドライヤーの電源を落とすか。

次の日、僕の髪は生乾きだった。

なぜならニコニコしたいからだ。

いやなんで同時に使うんだろう。

2009/12/15（火）途中からうすうす気づいていた

郵便局のバイトが終わり帰ろうとしたところ、スーツを着た偉そうな感じの人に「きみ！　こっちこっち」と手招きをされた。

まだなにか仕事が残ってたのかと思いとりあえずその偉そうな人についていったところ、郵便局内にある大きな会議室にいれられ、資料を手渡され椅子に座らされた。

周りを見ると大勢の知らない人達が熱心に資料に目を通している。

年末年始に向けての重大な会議か何かだろうか？

人の多さと重役そうな人達の顔ぶれを見て、これはただごとじゃないなと感づいた。

しばらくすると総務課長が現れ資料の説明が始まった。

内容は「郵便は捨ててはいけません」などだった。

そして次は中央にテレビが置かれ「ビデオを見てくださ い」と課長が言った。

そのビデオの内容は「仕事の流れ」というものだった。

今さら何でこんなものを見せるのか？　何か意味があるにちがいない。

ビデオを見終わると「おつかれさまでした」と会議は終

わった。

いろいろ疑問はあったが、まぁ会議なんてこんなものかなと思い資料を閉じると、その資料の表紙には「短期アルバイト説明会資料」と書かれていた。

会議室から出ようとしたところ課長に「あれ？　なんで野田がいるの？　短期アルバイトの説明会だよ？」と聞かれた。

僕は「初心を忘れたくないんで」と言ってその場を去った。

2009/12/22（火）ゴー☆ジャス忘年会2009

今年も行われたゴー☆ジャス忘年会。

会場に入るや否や「あれ？　3回戦ボーイだ」から始まったこの忘年会には総勢8名の芸人が集まった（みんな3回戦付近）。

この忘年会はお笑い界に大きく貢献したゴー☆ジャスさんを労うのが目的。

しかしゴー☆ジャスさんは最近テレビの仕事が多いためライブばっか出てる僕らの話題についていけず、次第にゴー☆ジャスさんの影は薄れていった。

みんなが今年のM−1の話をしているとき、隣にいるゴー☆ジャスさんがぼそっと「ここの店員さんかわいいよねー」と言っていた。

そして最終的に携帯でモバゲーをやりはじめた。

3時間ほど経ち、ゴー☆ジャスさんが「お会計」と言って万札を数枚取り出した。

周りの芸人は「うおー」と歓声を上げた。

やはり売れている芸人は違うなーと思った。

しかしゴー☆ジャスさんの顔は若干ひきつっていた。

帰り道、去年同様ラーメンを食べに行くことになった。
奢ってもらってばかりなのもあれなのでラーメンくらいはゴー☆ジャスさんの分を出そうと、みんなでお金を出しあった。
ゴー☆ジャスさんは「いいよいいよー」と言いながら満面の笑みだった。

完全にオチにしてる。

ラーメンを食べ終わった後、店の替え玉無料券をもらっていたその後ろ姿は去年となんら変わりなかった。

2009/12/30（水）下の「1年前」をクリック
仕分けをしている。

もう来年のこの日の日記を書いておこうかと思った。

NODA'S DIARY 2010

2010年

2010/01/05（火）新年のあいさつ

あけましておめでとうございます。そういえば『ハンター×ハンター』が連載再開した。

元旦は年賀状を配達した。とても大変だった。あと『ハンター×ハンター』が連載再開した。

単独ライブが近い。漫才じゃなくコントをたくさんやるので是非見に来てください。それと『ハンター×ハンター』が連載再開した。

なんというか、『ハンター×ハンター』が連載再開した。

2010/01/12（火）ネタ合わせする約束だったはず

ルミネのエレベーターで田畑藤本の田畑と乗り合わせた。

特に話すこともないので「2人とも良い大学入ったのに芸人になるなんて変わってるね」と本人にしたらうんざりするほど言われたであろう切り口で話しかけると、田畑は「いやー確かにそうですよねー」と半笑いで返してくれた。

僕は「もし俺がそんな良い大学行ってたら公務員になってるよ」と言うと後ろにいた村上が「僕もー」と言った。

エレベーターは1階に着き「お疲れ様でした」と田畑は去っていった。

僕はそれを見送った後チラッと村上の方を見て、あれ？こいつも法政じゃなかったっけ？　と思った。

村上は「じゃあ僕も帰るわー」と言ってパチスロの方に向かって去っていった。

単独近いなと思った。

仕分けシーズンじゃなくてよかった。

2010/01/19（火）噂のアレ

気を抜いたら新型インフルエンザになっちゃいました。

なので今週は休みます。ＡＧＥＡＧＥなどすでに予約された方大変申し訳ありませんでした。


今日もタミフって寝ます。

2010/01/26（火）ご心配おかけしました。回復しました

今さらながら単独の話。

単独当日、シアターブラッツに入ると見知らぬ後輩たちがたくさんいた。

見学しにきたのかなとちょっと嬉しくなっていたら「今回お手伝いさせて頂きます」と挨拶された。なんと全員スタッフだった。

インディーズ慣れしすぎて舞台の転換とかも全部自分たちでやるつもりでいたので驚いた。音響や照明も知り合いとかにやってもらうつもりでいて、今回コント中に何回か音響で僕の音声を使ったがあれは全部自宅のパソコンで録音したもの。ＯＰの歌とかも一人でカラオケに行って録音したものだ。

さらに編集も自分でしたので音割れとノイズがひどく手作り感満載の単独になった。

なんでも当日に劇場で録音ができるらしく、僕が作った音源があまりにもひどかったのか、音響の人に「次回からは全部私たちに任せてください」と切れ気味で言われた。

インディーズ時代、ライブで照明を友人に頼んだら舞台が暗転していくはずのところで友人が照明のスイッチを間違えて楽屋が暗転していったことがあった。

そんなことを思い出し「俺たち出世したのかな」と村上と感動に浸った。

夏にまた単独させてもらうかもしれない的なことを言われたので、次回は音割れしないようにスタッフさんに全部任せようと思った。

2010/02/02(火)上原チョー物語

昨日の営業に上原チョーがいた。

久しぶりに会った彼はトゥーを言わなくなっていた。

「あれ? なんかトゥー言わないね」と言うとチョーは「僕も大人になったんですかね」と言ってフッと笑った。

「営業とかウケそうだね」と言うと彼は「そうっすね。結構結果出してますね」と言ってフッと笑った。結果を出してるという言葉になんだかイラッとしたが、しかしその自信に満ち溢れた表情を見る限り本当なんだろうなと思った。

そして彼の出番が始まった。

舞台の袖で彼のネタを見ると、彼は登場して早々に「トゥー」と言った。全然変わってなかった。

そして10分間のネタ中に100回近くトゥーと言って、そのうちの98回はすべっていた。98%すべっていた。

さらにネタの途中、ピンマイクが落ちて凄まじくグダグダになった。そのグダグダさを利用して彼は渾身のトゥーを放ったがそれも凄まじくすべっていた。

戻ってきた上原チョーは「どうや?」みたいな顔をしていた。なんでそんな顔できるんだよって思った。

僕は気をつかって「いやーあれだね。今日お客さんちょっと重いのかね?」と言うと、彼はその後10分間喋らなくなった。

そのときの彼の岩のように固まった表情は相変わらずでホッとした。

2010/02/09(火) 仕事ない奴が集うライブ

浅草で野田スクールクリスタルというライブをやらせて頂くことになり、打ち合わせを何度か行った。

何をやるにせよまず出演者を決めなくてはならず、その出演者は僕が選ぶことになった。

作家の方に「パンサーなんてどうですかね？」と聞くと「いやー彼らは忙しいから無理だろうねー」と言われ「じゃあ囲碁将棋なんてどうでしょう」と聞くと「彼らも忙しいからねー」とことごとく却下された。

「じゃあツーナッカンさんは？」と聞くと「大丈夫だね」と作家さんは即答した。

「もう中さんは？」と聞くと「あぁ無理無理」と却下された。

こうやって出演者の名前を出していくうちに忙しい芸人と忙しくない芸人のラインみたいのがはっきりしていった。

「ジューシーズは？」と聞くと「うーん。どうだろう。たぶん大丈夫かなー」と答え、「シューレスジョーさんは？」と聞くと「余裕」とすぐさまに答えた。

実際作家さんはまだスケジュールを確認していないわけで、シューレスジョーさんが本当にあいてるかどうかはわからない。つまりこれは完全に作家さんの「暇そうなやつ」というイメージだ。

出演者が決まってから後日、御茶ノ水男子が「野田さーん。まさか僕らを呼んでくれるとは思いませんでしたよー」とものすごいニコニコしながら言った。

「これって出演者、野田さんが決めたんですか？」と聞かれたので「うん。仲の良い芸人集めたんだ」と答えると彼らはものすごくにこやかな顔で「がんばります！」と言った。


去り際に僕は小さな声で「君ら余裕だってさ」と言った。

彼らはニコニコしながら「え？」と言った。

2010/02/16（火）2万円

数ヶ月前に始まった村上のダイエットはいつの間にか終焉を迎えていたが、実は僕も数ヶ月前に野田オーガに改名しようと筋トレを始めていたがいつの間にかやめていた。

僕の押入れにはその時買った鉄アレイと腕につけるおもりとプロテイン3ヶ月分が今でもしまってある。


そして僕はここ最近運動不足を感じ、また筋トレを再開しようと押入れから鉄アレイとおもりを取り出した。

おもりを腕に取り付け、腰を低くし、鉄アレイを持ったまま両手をバンザイするという筋トレをした。

僕が開発したトレーニング法で何の筋肉がつくのかはよくわからない。


筋トレを終え体中の筋肉が引き締まり、最後の締めであるプロテインを飲もうと押入れから取り出した。

するとなぜかプロテインが空になっていた。

僕はまだ半分も飲んでないはず。

2万円もしたプロテイン。どこにいったんだ。


僕はプロテインを探しながら洗面所の方に向かった。

するとうちの兄が半裸で鏡の前に立っていた。

僕は「プロテイン知らない？」と尋ねると、兄は鏡を直視したまま何も答えなかった。

ふと兄の体を見ると若干筋肉が引き締まっている気がした。

僕は「俺のプロテイン飲んだろ？」と聞くと、兄はふいに「フッ」と息を吐き全身に筋肉を入れポーズをとった。

そしてポーズをとったまま「うん」と答えた。

ここに野田オーガが誕生した。

今では僕が野田オーガ。

2010/02/23（火）ほんまにあかんでぇ

数週間前のＡＧＥＡＧＥの話。

楽屋に入ると天狗横山の「あかんでぇ！」という叫び声とそれを取り巻く芸人達の笑い声で盛り上がっていた。

横山はいじられるたびに「あかんでぇ！」と叫び、あかんでぇと叫ぶたびに笑いが生まれ、楽屋はまるで舞台のように温まっていた。

あまりにも楽しそうだったので僕も交ざりたくなり、横山に最高のあかんでぇを言ってもらおうと「一緒にＭＡＥａｇｅ降格しようぜ！」と言ったところ横山は「そうっすねー」と言った。

あれ？　と思った。

僕は「俺らがＭＡＥａｇｅ行ったら道連れだからなー」と、あかんでぇが言いやすいようにもっとひょうきんな感じで言ったところ横山は「まだわかんないっすよ」と真顔で返した。

その後隣にいた芸人が「来月からＭＡＥａｇｅ頑張れよー」と言うと横山は「あかんでぇ！」と叫んだ。

そして楽屋は笑いに包まれた。

僕には彼にあかんでぇと言わせる才能がなかった。

出番前に僕は横山に「ウケたらあかんでぇ！」と言った

ところ横山は苦笑いをした。

その日、天狗は1位を取った。

僕らは6位だった。

僕は小さく「あかんで」と呟いた。

2010/03/02(火) 格闘ゲームの話

ルミネの前説の空き時間に暇なのでゲームセンターに行った。

そしてストリートファイターⅣが空いてたので僕は台に着き、コンピュータ相手にひたすら波動拳をかましてフルボッコにしていた。

するとそれを後ろで眺めていたメガネをかけた中学生くらいの子が「いいね君」と言って僕の向かいの台に座り乱入してきた。

その中学生は僕と同じリュウを選択し、バトルは開始した。

先手必勝だ。僕はスタートと同時に波動拳を放った。

すると向こうも全く同じタイミングで波動拳を打ってきた。

そしてお互い波動拳を連発し合う。

30秒が経過した。

僕は波動拳しか打たない。向こうも波動拳しか打たない。

朝の静かなゲームセンターに「波動拳、波動拳、波動拳、波動拳」という声だけが響き渡る。

そのままお互い波動拳しか打たないままタイムアップとなった。

中学生は台からゆっくり立ち上がり「次会ったら決着を

つけましょう」と言って去っていった。

二度とやるかと思った。

あとまだ2ラウンドあるからと思った。

今なら昇龍拳も出せる。

2010/03/09(火) やばい

今週の『ハンター×ハンター』はやばかった。

ネタバレになるので深くは言えないが、同じジャンプ読者であるカリカの家城さんが「あれはやばい」と言ったほどにやばかった。

無限大に入れば村上が「今週の『ハンター×ハンター』やばくね?」と僕が来た瞬間に言うほどやばかった。

さらに吉本の社員さんも楽屋に置いてあったジャンプを手に取り、パラパラとページをめくった。

しかしその手は『ハンター×ハンター』で止まり、読み終わった後にただひと言「やばい」と言うほどにやばかった。

そんなにやばいやばいと言うと、そんなにやばかったっけ? と僕はやばさを疑い始めた。

なので一度読んだジャンプをもう一度コンビニで買い『ハンター×ハンター』を読み返したところ、僕は一度読んだときよりもさらに「やばい」と思った。

これに匹敵するほどのやばさと言えば、今月の神保町トークのチケットの余り具合くらいなものだ。

それほどまでに今週の『ハンター×ハンター』はやばかった。

というか神保町トークがやばいと思った。

2010/03/16（火） 野田スクールクリスタル開校　しちゃう

まもなく野田スクールクリスタルが開校となる。

出演者からは「一体なにをやるの？」と聞かれ、お客さんからは「ネタやるんですか？」と聞かれ、村上からは「生のお肉って食べられるかな？」と聞かれた。

もちろん既に内容は決まっていてスタッフさんとの打ち合わせも万全だ。

何をやるのかわからずに見に来るのも不安だと思う。

そこで今回は「野田スクールクリスタル・予告編」をお送りしたいと思うぞ。


「お笑いをやらないか」そう言って手を差しのべる謎の男の正体とは。

謎の３人組。彼らを待ち受ける困難とは。

「性別は妖精」そう言い張る男２人に迫り来る恐怖とは。

「登り竜」と名付けられたツッコミを放つ男。彼の知られざる真実とは。

ツーナッカンとは。

感動の卒業公演。衝撃の結末は如何に。

３月20日浅草花月。

絶対に見に来てくれよな！

2010/03/24(水) スキニーデニムってなんなのか

野田スクールクリスタルが無事終わった。

何度か事故みたいな空気になったが、とても素敵なライブになった。温かいお客さんのおかげで第2期もやろうかという話になっている。

今回は反省点が108ほどあったので次回に活かせたらなと思う。

村上は打ち上げで「いやーよかった。よかったよー」と豪快に酒を飲んだ。

おまえすべったろと思った。

そんなこんなで明日はトークライブ「素」。

私服で出るということで、僕はこれからユニクロに行こうと思う。

僕もめちゃめちゃすべってた。

2010/03/30(火) ベジータ様

ベジータのモノマネでお馴染みのR藤本さんとライブで一緒になった。

ベジータファンでありニコ厨の僕にとってはこの方は神のような存在だ。

なんとかしてお近づきになりたいと思ったが、ベジータ同様、その放たれた〝気〟は人を寄せ付けることなく、話しかけただけで殺されそうな気がした。

とりあえず『ドラゴンボール』のあらすじのときに流れるBGMを口ずさんでみたがこっちを見ることもなかった。

結局話しかけることができず、月曜日だったので僕は楽屋でジャンプを読んだ。

そして芸人達と今週の『ワンピース』について語り合っていると、R藤本さんがやってきて「内容言わないでくださいよーまだ今週読んでないんですよー」と言った。

ベジータ様は『ワンピース』を読んでいた。

『ドラゴンボール』の後を継ぐ大人気漫画をベジータ様は毎週チェックしていたのだ。

それから僕とベジータ様は『ワンピース』について熱く語り合った。こんな庶民の僕と気軽に話してくれるベジータ様に僕は感動した。

そしてライブが終わり、ベジータ様は早々とライブ会場を出た。

きっとベジータ様のことだ。ものすごい数の出待ちがいるに違いない。

僕は後を追った。

そして外を見てみると、ベジータ様は腕を組んで仁王立ちしていた。

その放たれた〝気〟は人を寄せ付けることはなかった。

その後、ベジータ様は主催者から手取りのギャラをもらい「あざす」と言って頭を深々と下げていた。

あ、こいつベジータじゃないなと思った。

2010/04/06(火) 定規戦争

押入れから昔使っていた定規が出てきた。その定規は角が少し削れていた。

僕はその定規を見て小学生時代を思い出した。

小学校の休み時間に流行っていた遊び、定規戦争。略して「じょうせん」。

ルールは簡単で、机の上に置かれた定規をペンで弾き、相手の定規を落としたら勝ち。

でかい定規を使えば落ちにくいが弾きにくい。

小さい定規を使えば弾きやすいが落ちやすい。

中々奥が深く熱い勝負を繰り広げており、僕はその中でも大名と呼ばれるほどの実力者だった。

しかしある日、その座は同級生のA君に奪われた。

A君は定規の角をヤスリで削り、弾いたときに定規が飛ぶように細工した。

飛んだ定規は僕の定規の上にかぶさり、僕は身動きが取れなくなるという戦法だ。

僕はその晩泣いた。

なんで僕が先にその方法を思いつかなかったのか。

A君に勝つには同じ戦法をとるしかない。

僕は恥をしのんで定規をヤスリで削った。

次の日。

僕は削られた定規を片手にA君に勝負を申し込んだ。

A君は「いいよ」と言って定規を出した。

するとA君の定規には両面テープが貼ってあった。

「僕の定規に乗っかると両面テープがくっついて身動き取れなくなるよ」と笑いながら言った。

やられたと思った。

僕は素直に負けを認めた。

そんなA君は今ごろ何をしてるんだろうか。

一緒にしまってあった小学校のアルバムをめくった。

将来の夢という項目にA君は「魚」と書いてあった。

謎だった。

2010/04/13(火)第1話「新しい課長登場」

僕がバイトをしている郵便局でも人事異動が行われ、新しい課長が郵便局にやってきた。

こうなってくると、これまで前の課長は僕が芸人をやっていることなどを知っていたので急遽休みを出しても了承してもらえたが、課長が替わってしまったのでそうはいかなくなる。

新しい課長に面と向かって「僕は芸人です」と言うのもおかしな話だ。

しばらく課長には何も伝えずにおこうと思った。

しかし急遽休まなくてはいけない日が出てきた。

僕は恐る恐る新しい課長のところに行き「すいません。明後日休みたいんですが」と言うと課長は

「なんで?」と言った。

僕は「ちょっと別の仕事がありまして」と言うと課長は

「なんの?」と言った。

僕は「演劇というか演芸のようなものに携わっていまして」と遠回しに説明していると、後ろから先輩がやってきて「大丈夫。あとは俺が説明しとくよ」と言った。

僕は頭を下げその場を去った。

次の日、郵便局に向かうと課長から「明日休んでいいよ」と言われた。

僕は「ありがとうございます」と頭を下げると課長はニッコリと笑い「ボランティア活動頑張ってね」と言った。

どういう説明をしたんだよと思った。

2010/04/20(火)センキュー野田

満員電車の中、僕はドア付近をキープし、携帯でテトリスをやっていた。

その日は雨で僕は片手に傘を持っていた。

次第にテトリスは白熱し、最高難易度に挑戦した。そこで僕は勢い余って片手に持っていた傘を落としてしまった。

この満員電車の中でその床に落ちた傘を拾うのは不可能に近い。

僕は諦めて次の駅に着いたら拾うことにした。

すると、僕の前にいた外国人の女性がその傘を拾った。

ああ優しい外国人だなと思い、僕は「センキュー」と言ってその傘を受け取ろうとしたところ、外国人は僕を無視し、外の景色を眺めた。

声が小さかったかなと思い、僕はもう一度「センキュー」と言った。

しかし外国人は僕の方を見向きもしなかった。

僕は「ソーリーソーリー」と言った。

すると外国人はチラッと僕を見た。僕はすかさず「センキュー」と言った。

しかし外国人は何も言わず、再び外の景色を眺めた。

いや傘返せよと思った。

僕は「ヘイ、カサ。ヘイ、カサ」と言った。

すると外国人は僕の方をまたチラッと見た。僕はすかさず「センキュー」と言った。

しかし外国人はまた外の景色を眺めた。

かーえせーと思った。

僕はもう傘を諦めることにし、次の駅で降りた。

すると降りたときに僕は何かを蹴った。

蹴られたそれはザーッと勢いよくホームに飛び出した。

よく見るとそれはビニール傘だった。

そしてもっとよく見るとそれは僕の傘だった。

あれ？　と思った。

僕は振り返り外国人が持っていた傘を見たところ、外国人が持っていた傘はビニールではなく白い傘だった。

ホームに転がった傘を駅員が拾ってくれた。

僕は「センキュー」と言った。

2010/04/27（火）白昼夢

風呂場の排水管工事をしているため、最近いつも家の中に見知らぬ工事のおじさんがいる。

人見知りの僕にとってはたまらないが、もっとたまらないのがちょうど排水管が僕の部屋を通っているようで、とても広いとは言えないこの部屋で僕とおじさんが2人っきりになっていることだ。

とても気まずくて、しかも顔を見ると楽しんごにそっくりだった。

以前、浅草花月のエレベーターで楽しんごと二人っきりになり「野田さんのランニング姿たまらないですぅ」と頬を染めながら言われて以来僕は彼を避けている。

しかしこの工事のおじさんを見てるとまるで僕の部屋に楽しんごがいるようで落ち着かない。

なるべく見ないようにしようと僕はベッドの中でうずくまり目をつぶった。

すると夢の中に楽しんごが出てきて、楽しんごが延々と僕に「どどすこすこすこラブ注入」とやっている夢を見た。

めまいがしそうだった。

そこで僕は誰かに叩き起こされた。

目をあけると目の前に楽しんごがいた。

僕は思わず「もういいから！」と言った。

よく見ると工事のおじさんだった。

おじさんは「すんません」と言った。


「楽しんご」は黒塗りにするか悩みどころ。

2010/05/05（水）郵便局員の日記

エクスパックの販売が終わり、新しくレターパックの販売が始まった。

エクスパック同様に皆に愛される商品になればいいなと心から思った。


たしかに郵便局員の日記。

2010/05/11（火）しなきゃ良かった話

バイト先の先輩と仕事中にたわいもない話をしていた。

話の内容はタバコが値上がりするからタバコをやめるかどうかの話だった。

「いやー体によくないしねー」「そうっすねー」などと日常会話をしていた。

そして僕はこんな話をした。

「高校生のときに喫煙の恐ろしさみたいなビデオを授業で見せられたことがあるんです。で、そのビデオの中に実写の肺の映像が映し出されて、最初に映ったのは普通の人の肺だったんですが、その後に喫煙者の真っ黒になった肺の映像が映ったんです。そしたらクラスの女子生徒がきもちわるーいなどと騒ぎ出しまして。でも僕は思ったんです。実写なんだから普通の肺も十分気持ち悪いだろって」

という話を先輩にした。

でも先輩は「で？」みたいな顔をしていた。

僕は「いやだから、真っ黒な肺に拘わらず十分普通の肺も実写は気持ち悪いんだから、そのときに騒げよっていう」

と付け足した。

するとと先輩は「どういうこと？」と言った。

「なんというか、なんだったら普通の肺の方が生々しくて気持ち悪いと思うんですよ。ほら、手が真っ黒に汚れてたら気持ち悪いかもしれませんが、まず臓器ですから。臓器が映った時点でもう気持ち悪いと思うんですよ」

先輩は「うんうん」と言った。

「なのに、最初の普通の肺では気持ち悪いと騒がずにその後の黒い肺が映ってきもちわるーいって言うのはおかしいと思ったんですよ」

僕は自分が思いつく限りの最高の説明をした。

しかし先輩は「どういうこと？」と言った。


その後、僕は先輩に1時間ほど今の話を説明した。

最終的に先輩は「つまりタバコはやめた方がよいってことだね？」と言った。


僕は「はい」と答えた。

2010/05/18（火）覚醒する→髪切る→束ねる→また覚醒する→繰り返す。するとたくさんホウキが作れるよね

『ハンター×ハンター』では現在、ゴンが凄まじいロン毛になっている。怒りにより覚醒し、おそらく体を急激に成長させたために髪も同時に伸びたのだろう。

『幽★遊★白書』も幽助が魔族化したときに髪が急激に伸びていた。

ちなみに『ドラゴンボール』ではスーパーサイヤ人3になると急激に髪が伸びる。


そして僕は現在完璧なロン毛である。

急激に伸びたわけではないが、しかし高校時代は坊主だったことを考えるとかなりの急成長だ。

以上のことを踏まえた結果、僕は今覚醒しているのだ。

この話を地元の友人に話したところ、友人はひと言「とりあえず髪切れよ」と言った。

2010/05/26(水) もっと評価されるべき

ニコニコ動画で1年ほど前に放送されたR藤本さんのニコニコ生配信を見た。

日記でその感想を書くだけじゃ読んでる人は何も面白くないと思うが、しかしその生放送があまりにも面白かったので少し書かせてほしい。

まずマイクで僕の心は完全につかまれた。

普通こういう放送で使うマイクはピンマイクか卓上マイクだ。

しかしこの生放送ではペットボトルにガムテープでイヤホンマイクを貼り付けて、手作り卓上マイクになっている。

しかもそのガムテープは剥がれやすく、マイクが落ちるたびにスタッフが貼りなおす。

そしてユーザーからの書き込みを見て「暇なニートどもだ」というベジータ節は健在だ。

ゲストはフリーザ山本さん。フリーザ第1形態の格好で完全にキャラに成りきって喋っていた山本さんだが、芸歴が長いため芸人としての技術が完全に出てしまっている。

「これだけ書き込みが多いのですから質問なんて頂いたらどうでしょう」とフリーザの声で番組をつないでいた。

次第に書き込みが荒れていったようで、R藤本さんが「なんか荒れてきたぞ」と言ったあたりで僕はもうたまらず吹き出した。

僕の愛すべき芸人、R藤本氏。

見てない人は是非ごらんください。

2010/06/02（水）営業能力0

こう毎週日記を書いてると1週間がものすごく早く感じる。

そしてもう残り1ヶ月と迫ったNSC（野田スクールクリスタル）。

前回は300人近くのお客さんに観に来て頂いて僕としては奇跡に近い記録だが、しかし社員さんからは「次は満員にしてね」と通りすがりに言われたため今回はチケ売りを頑張らなくてはならない。

よく無限大前で芸人さんがチケットを売りにぶらぶらと歩き回っていると思うが、僕もそれをやる必要がある。

でもチキンクリスタルの僕には見知らぬ人に「チケット買ってください」と言う度胸もなく、ましてや得体の知れないライブにひと声でお客さんがチケットを買ってくれるとも思えない。

一体どうしたらいいのか。

僕が途方に暮れていると、郵便局の課長が「営業は笑顔だ。お客様は笑顔により商品を買って頂けるんだ」と朝のミーティングで言った。

「買って頂けるんだ」の後、見本のつもりか課長はにやっと笑顔になった。その笑顔に吐き気がしたが、しかし課長の言うことは一理ある。

なのでこれから僕はライブ前かライブ終わりに笑顔で会場前をうろついているかもしれない。

そのときはどうか、気持ち近寄ってきてください。

ちなみにその朝のミーティングで「野田は今のところ営業成績最下位だがな」と言われた。

僕は笑顔で誤魔化した。

2010/06/08(火) 郵便局のお話

郵便局では不定期でロッカー点検というのが行われる。

これは普段職員、非常勤職員が使用しているロッカーの中を課長が点検するというもので、郵便物などを隠していないかチェックするために事前連絡なしで急に行われる。

当然、隠すわけがない僕は平然とした表情でロッカーの中を確認してもらう。

ロッカーの中には衣服とバッグしか入っていない。


課長はひと通り確認した後、最後にバッグの中を確認しようとした。

僕はそこで気づいた。

バッグの中にネタで使うウサギのぬいぐるみとブリーフが入ってる。

まずいと思った。

新しく配属されたこの課長には僕が芸人であることを伝えてない。

見られたらなんて言えばいいのか。

僕は「あっ」と止めようとしたが、課長はバッグを開けてしまった。

そして最悪なことに、バッグの中でごっちゃになったのか、ウサギの頭にちょうどブリーフがかぶさっている状態になっていた。

僕は思わず目を背けた。

課長はじっとバッグの中を見る。

そして課長はゆっくりとバッグを閉め、僕の方を見て「オッケー」と言った。

オッケーなのかよと思った。

2010/06/16(水)覇王色の覇気

安達さんプロデュースのアイドルグループ記者会見が無事終了した。

数日前からデビュー曲「Milky way」を必死に練習し、本番ではその集大成を見せつけ、終わった後、出待ちのお客さんに「野田さんの声だけ全然聞こえなかった」と言われ泡を吹いた。

次から僕だけマイク5本くらい持ちたい。

そしてその日の楽屋はアイドルグループのメンバーだけではなく、15期生の方々もいた。

人見知りの僕は端の方でじっとしていると、もっと人見知りの菅良太郎が僕に「あの人ですよ野田さん」と、ある15期生の方を指差した。

その人は声優のこやまきみこさんという方だ。

「声優がNSCに入ったらしい」という噂は聞いていたが、ようやく対面することができた。

菅良太郎は興奮していた。そして恐る恐る声をかける。

「声優のこやまきみこさんですよね？」

その方は「あ、はい」と、凄まじいアニメ声で返事をした。

菅良太郎は興奮している。正直なんのアニメに出ているのかは謎だが「声優」という響きだけでとりあえず興奮している。

するとそこにジャングルポケットの太田がやってきた。そして太田は「ちょっと2人ともー。こいつ後輩っすよ。さん付けいらないっすよー」と言った。

すると菅良太郎の瞳孔がいっきに開き、ひと言「黙れ太田」と言った。

太田は泡を吹いた。

2010/06/23（水）どうでもいい話

最近不健康だなと思い、バイト先までジョギングをした次の日。

連日行う予定だったが、凄まじい筋肉痛に耐えきれずその日はバイト先までバスを使うことにした。

郵便局内では筋肉痛でまともに歩けず、特に腰が痛くて、少し前かがみになりながら歩いていた。

するとその様子を見ていたバイト先の先輩が「あれ？あれ？」とニヤニヤしながら僕の背中をたたいた。

なんでこんなニヤニヤしてるんだろうと思いながら、僕は「おはようございます」と軽く挨拶をしてタイムカードを押しに行った。

そして前かがみで戻ると先輩は「おいー。なげーよおいー」と言ってニヤニヤしながら僕の肩を叩いた。

「なにがですか？」と聞くと先輩は「ここ、ここー」と言って僕の股間を叩いた。

更にテンションは上がり「これでしょ？　これでしょ？」と立てた人差し指を自分の股間に当てて「ういー」と言って盛り上がっていた。

僕は「いや、筋肉痛でちゃんと歩けないんですよ」と言うと、先輩は「まじでー？　えー？　あぁおまえ昨日さ」と急にテンションを変えて説教を始めた。

バイト変えようかなと思った。

2010/06/29（火）野田スクールクリスタル予告

さーて今回の野田スクールクリスタルは？

野田です。

壁に手をつけて「吸い込まれる」と100回言うと本当に吸い込まれるそうです。試しにやってみたら完全に吸い込まれました……トホホ。

さて次回は、

・シューレスジョー、今度こそは面接合格⁉

・おもしろ佐藤、遂に面白いことを言う⁉

・尾形⁉

の3本です。

絶対観に来てくださいね。じゃんけんぽん。あいこーでしょ。あいこーでしょ。あいこーでしょ。勝ったあああああ。

2010/07/06（火）最強への道は険しい

最近休みの日はジムに行って体を鍛えている。

なんで鍛えてるのか？　それは最強になるためだ。

ジムと言っても市が運営してるスポーツセンターみたいなところで、来てる人はおばさんかおじいちゃんしかいない。

更衣室に行くと線香の匂いがして、体を鍛えに来てるはずなのになぜか体が老いていく気分になって複雑だ。

一応設備は整っていて、僕は適当にトレーニングマシンで体を鍛えている。

少しずつ体も鍛えられてきて、なんだかこの肉体を誰かに自慢したくなってきた。

僕がトレーニングしている横で、もう歩いているだけでふらついているおじいちゃんがいた。

僕は「おいおい大丈夫かよ」と思いながら怪我しないように祈っていると、そのおじいちゃんは「もう腰が悪くてダメじゃのう」と言いながら、ベンチプレスで100キロ近くのバーベルを「ふん」と言って持ち上げていた。

そしてそれを見ていたおばさんが「うわーおじいさんすごーい」と言いながら30キロ近くのダンベルを片手でスイスイと持ち上げていた。

僕はおもわず目をこすった。

そしてベンチプレスを終えたおじいちゃんは「ふぉ。今日は暑いのう」と言って上着を脱いだ。

そのおじいちゃんの上半身の肉体はもうなんかもうあれだった。

僕は次から長袖を着てこようと思った。


このおじいちゃんに会いたい。会って「追いつきましたよ」って言いたい。

2010/07/13（火）僕は芸人だった

郵便局でバイトを始めて早5年くらいになるが、僕はこの5年間で仕分けの速度がSSランクに到達している。

そんなランクは郵便局では設けていないが、仕事が終わるのが早すぎて月給が下がっているくらいだ。

仕分けは大量の郵便物を区分棚と言われる棚にそれぞれの地区ごとに分けて入れていくわけだが、その郵便物1通を棚に入れる際、若干手首のスナップを入れて軽く棚に飛ばす。

手裏剣を投げるのと要領は同じだ。

僕はこの5年間でその手首のスナップが鍛え上げられすぎて、たぶん郵便物できゅうりが切れると思う。

ハガキじゃなくて明細書とかの封筒でも切れるかもしれない。

送られてきた郵便にきゅうりがついてたらそれはたぶん僕の仕業だ。

しかし僕の野望はまだ終わらない。

最終的に大量の郵便をわしづかみにしてそれをいっきに空にばらまき、そこに大量の白い鳩達が現れ、郵便物をクチバシで掴み、ハト達がそれぞれの家に届けにいくというレベルまで自分をもっていきたい。

そのためにはこれからも郵便局員として精進していこうと思う。

単独は近い。

2010/07/20（火）とってつけたようなオチ

郵便の配達中に近くの中学校を通ったところ、学校の校庭が騒がしかった。

覗いてみると、なんと校庭に竜巻が起きていた。

直径は5ｍくらいで高さは3ｍくらい。小規模な竜巻だが、実際生で見るとかなりの迫力で僕は思わず見入ってしまった。

校庭の砂は舞い、ゆっくりと移動し続ける竜巻。

校庭には部活動の真っ最中だったサッカー部の部員達が何人もいて、どう見ても危険な状態だった。

「これはさぞかし生徒達はパニックになっているだろうな」と生徒達を見ると、なんとサッカー部の部員達はその竜巻に向かって「いえーい」と言いながら飛び込んでいった。

ものすごいテンションだった。ある意味パニックになっていた。

「うひょーー」と言いながら次々と竜巻に体当たりしていく生徒達。

生徒の中には「修羅旋風拳」と叫んでる生徒がいたが、『幽★遊★白書』の風使い「陣」のモノマネは同世代の生徒達には伝わらなかったようだ。

そんな危険な状況の中、ようやくサッカー部の顧問らしき人が現れた。

早く注意してやれよと思いながら見てると、顧問は試合中に指示を出すかのような大きな声で「行けえええええ」と叫んでいた。

その指示とともに次々と竜巻の中へと吸い込まれていく生徒達。

すると竜巻は徐々に風力が弱まっていき、砂埃とともに消えていった。

そんな馬鹿なと思った。

竜巻が消えるとともにその中にいた生徒達の姿が現れ、なんかわからないが勝ち誇った表情をしていた。

その後、部員達は何ごともなかったかのように練習を再開した。

まぁとにかくすごいものを見たなと、ふと時計を見るとすでにあれから1時間も経っていた。

その後の仕事はまるで竜巻の中にいるかのような目の回る忙しさだったでヤンス。

2010/07/27（火）CM

トレーニングを始めて1ヶ月。

筋力だけではなく、体についての知識もついてきた。

まず筋肉をつけるには筋肉を痛めつける必要がある。

筋力トレーニングを行い、筋肉の繊維が壊れてからおよそ48時間。

傷つけられた筋肉は回復し、そこから体は筋肉を増やすという作業に入る。これが超回復だ。

そしてその超回復をするには、筋肉を作るための栄養素が必要になっていく。それがアミノ酸である。

そしてそのアミノ酸を豊富に含んでいるのが甘くておいしい「ホエイプロテイン」。

私たちの健康をサポートしてくれるでしょう。

「ホエイプロテイン」私も飲んでいます。


2010/08/03（火）「村上君がかっこよかった」は破ります

ピン時代、僕はとあるインディーズライブで優勝した。

優勝すると、次回のそのライブのMC権を得られ、僕はピンでMCをやるのが初めてだったので嬉しかった。

そしてMC当日。

僕は興奮のあまり、オープニングのMCで30分近く一人で喋った。

クソすべっていたが、そんなのおかまいなしに喋った。

そしてライブが終わり、ドキドキしながらお客さんのアンケートを見たところ「まじおまえ見に来たわけじゃないから」と書かれていた。

それ以来、アンケートは読まなくなった。


明日は単独ライブ。

みんなマヂカルラブリーを観にやってくる。

アンケートは破れる勢いで読みまくろうと思う。


2010/08/10(火) 無事ではないが終わった

マヂカルラブリー単独ライブが無事終わった。

お越しくださいましたお客様、本当にありがとうございました。


コントばかりで不安ではありましたがアンケートを見てホッとしました。

アンケートありがとうございました。


無事終わったと言いましたが、実は今回の単独ライブでは3つのアクシデントがありました。


まず1つ目。

行きの電車に村上が衣装を入れたバッグを忘れてくる。

これにより、最後の漫才で村上はネタの衣装ではなく単独Tシャツを着てネタをやりました。

村上は「逆によかった」と言いました。殺そうかと思いました。

2つ目。

オープニングコント終わりに僕が歌った「すみれSeptember love」がクソすべる。

これは打ち合わせの段階で最初に決定しましたが、ひと笑いも起きないという ある意味アクシデントでした。二度と歌うことはないでしょう。

最後3つ目。

出待ち4人。

凄まじいスピードで皆さん帰られました。

なんにせよ、ライブ自体は盛り上がりお客様には本当に感謝です。

また単独ライブやるときは是非観にきてください!

2010/08/17(火) 奇抜な芸名、コンビ名を紹介するコーナー

シアターDに行くと、その前に行われていたAGEAGEプロジェクトの出演者表などが楽屋に貼り出されていたりする。

僕はこういう出演者表などを見ていつも思うのが「そろそろ芸名、コンビ名がなくなるんじゃないか」ということだ。

毎年何百組と生まれる芸名、コンビ名。

年を重ねるごとに「使える名前」というのは減っていっているのだ。

ということで今回は「芸名、コンビ名がなさすぎて、もう半ばやけくそになってつけただろ」と思うような奇抜な芸名、コンビ名を勝手ながら紹介していこうと思う。勝手

に芸名、コンビ名を出すことをお許しください。

・ラストダンスをもう一度
おしゃれすぎる。

・時は来た
かっこよすぎる。

・ノーギャラー
切なすぎる。

・背中バキボキズ
3分くらいで思いついたっぽい。

・ノーマーク伊藤
謙虚すぎる。

・チャオズ
コンビなのかピンなのかが知りたい。

・ABCDE湯かげん
だいぶまずい。

・長崎亭キヨちゃんぽん
8期生の星。

芸名、コンビ名を考えるのは大変だなと思った。
あとマヂカルラブリーってだいぶ痛いコンビ名だなと
思った。

2010/08/24（火）どこ行けばいいのか、夏

朝、電話で中山功太さんから「海いかへんか」と言われ「あっ行きます」と返事したところ、功太さんは「ほな湘南で」と言って電話が切れた。

え？　と思った。湘南のどこ？

僕はかけ直し「すいません。湘南のどこですかね」と聞くと功太さんは「いわゆる湘南の一番大きい海やね」と言った。「ほな湘南で」と言ってまた切れた。

結局どこなのかがわからない。

僕はもう一度電話をかけ直し「すいません。湘南の一番大きい海ってどこですかね」と聞いたところ「湘南の海ってたくさんあるの？」と言われた。

僕は「たくさん海水浴場ありますけど、どこ行けばいいですかね？」と聞いたところ「逆にどこがええか野田くん知ってる？」と言われた。

僕はまるで知らないので「湘南のどこかじゃないですかね」と答えた。

功太さんは「ほな湘南で」と言った。

最終的に海に着いたのは夕方になった。見切り発車は怖い。

2010/08/31（火）どれか当たってたらもう読まない

『ワンピース』が1ヶ月休載する。

そして1ヶ月後の連載では麦わらの一味の2年間の成長っぷりが描かれるはずだ。

一体、麦わらの一味はどのような成長を遂げているのか。

僕は予想してみた。

ルフィ…麦わら帽子がキャップに成長している。

ゾロ…刀を口でくわえるだけでなく飲み込めるようにもなっている。

サンジ…料理の腕前が超一流になり、逆に味が素人ウケしなくなりクビ。

ウソップ…右手が銃になっている。

ナミ…ほうれい線がでている。

チョッパー…語尾に「ちょっぱあ」とつけるようになり人気が上がっている。

その他…一切触れずに消えている。

1ヶ月後が楽しみだ。

全外れ。

2010/09/07（火）ある[redacted]話

駅のトイレでの話。

その男子トイレには個室が2つあり、そのときは2つとも空いていた。

僕は大便をするべく片方に入った。

しばらくするとトイレに誰かが喋りながら入ってきた。

会話の内容と声の感じからそれが中年のサラリーマン2人組だとわかった。

僕は大便をしているときにトイレに誰か入ってくると落

ち着かなくなる。

そんな『スラムダンク』の三井寿と同じ悩みを抱えている僕だったが、そのときはすでに用が済んでいたのでトイレを流し個室から出た。

するとさっきまで話し声が聞こえていたはずの男性2人の姿がなかった。

あれ？ と思った。もうトイレから出たのだろうか？

いや、正直それはないと思った。

その男性2人がトイレに入ってきてから10秒くらいで僕は個室から出たのだ。そんなすぐにいなくなるわけがない。

僕は急にぞっとした。

さっきまで聞こえていた中年サラリーマンの声はなんだったのか。

男性2人は一体どこへ消えたのだろうか……。


僕は怖くなりすぐにトイレから出ようとした。

そこで僕は気づいた。

2つ目の個室の鍵が赤色になっている。

僕はあれ？ と思った。

僕が入ってきたときは個室は2つとも空いていた。

僕が片方の個室に入ってるときにトイレに来たのは中年男性2人だけだった。

あれ？ もしかしてさっきの男性2人は……。

個室からガサゴソという音が聞こえた。


2010/09/14(火) チュッチュッチュッチュッチュッおばさん

夜、DVDを借りようと思いTSUTAYAに向かった。

そのTSUTAYAに行く途中、マンションの前でおばさんが野良猫に向かって「チュッチュッチュッチュッ」と舌打ちみたいのを鳴らしながら手招きをしていた。

猫は一向に動く気配がなくじっとおばさんを見ている。

それでもおばさんはひたすら「チュッチュッチュッチュッ」と猫に手招きを続けた。

猫はまるで動かなかった。

なんやかんやＤＶＤを選んでいたら2時間くらい経ち、結局何も借りずに帰った。

その帰り、さっきのマンションの前を通るとなんとおばさんが「チュッチュッチュッチュッ」とさっきの猫にまだ手招きをしていた。

凄まじい気力の持ち主だった。よもやこんな長期戦になるとは猫も思っていなかったと思う。

おばさんの額からは汗がにじみ出ていた。

こうなってくるとおばさんを応援したくなる。

頑張れおばさん。

しばらくすると猫は立ち上がり、その場から消えていった。

おばさんは悲しみの表情を浮かべながらゆっくりと立ち上がった。

そしておばさんは「チュッチュッチュッチュッ」と鳴らしながら帰っていった。

いやその「チュッチュッチュッチュッ」っていうの止まんなくなってますってー、と心の中でつよしさんの声でつっこんだ。

2010/09/21（火）出番前の心理戦

M―1、一回戦。

出番前の出演者が待つ控え室。舞台から笑い声が聞こえるたびに緊張感が走る。

そんな殺伐とした控え室だが、すでにここから勝負は始まっているのである。

静まり返った控え室で皆に聞こえる声で村上は口を開いた。

「今日なんのネタやろうか？」

出た。

今日このM―1の1回戦でなんのネタをやるかは半年以上前から決めている。

これは「このM―1という大舞台で、もうすぐ出番なのになんのネタをやるかまだ決めてないなんて、こいつら化物か」と周りに思わせ、周りの芸人がビビってネタ中に噛むというテクニックだ。

村上の得意技だ。

僕は「客見て決めるわ」と返した。

これにより「まさかこいつら舞台に立ってからネタを決めるのか。お客さんによってネタの色を変える。まさにお笑い界のカメレオンか」と思わせ、周りの芸人がビビってネタ中に噛むというテクニックだ。

自分たちの出番まであと3組。もう間もなく出番だ。

村上はここで「飯食ってこよっかな」と言った。

これにより周りの芸人は「嘘だろおい。間に合うわけないだろ。余裕とか関係なしにもうただのデブだろ」と思わせ、周りの芸人がビビってネタ中に噛むというテクニックだ。

そして出番直前。

前のコンビがネタをやっている間、僕達は緊張で震えていた。「余裕をかますフリ」をやり過ぎたせいでなんだかプレッシャーになってきたのだ。

「やんなきゃよかった」と後悔しながら前のコンビのネタを見ると、なんと噛んでいた。

2回戦でもやろうと思った。

2010/09/29（水）感動の神保町花月

無事、神保町花月「深々」が終わりました。

観に来てくださったお客様ありがとうございました。

今回僕の役は地底人なので、役作りのためになるべく地下鉄で帰っていました。

それが功をなし、アンケートでは「地底人っぽかった」とお褒めを頂き、正直僕自身は「地底人っぽい」ってどういう感じなのかまるでわからなかったのですが、結果的によかったんだなと思います。

今回僕の台詞はなく、出番は合計で5分に満たなかったんですが、脚本・演出の長谷川さんからは「野田君にしか任せられない役」と言われ、かなり気合を入れて稽古にのぞみました。

打ち上げでは長谷川さんから「本当にありがとう。野田君に頼んでよかった。ただ稽古は来なくてよかった」という お褒めを頂き、僕は「それ最初に言ってくれよ」と嬉しい気持ちでいっぱいになりました。

本番中はほとんど出番がないため、ずっと楽屋でテレビを見ていたので最後までお芝居の内容はわかりませんでしたが、本当に良いお芝居だなと思いました。

次回も出番があったら頑張りたいと思います。


2010/10/06(水) 所詮村上だった

前回の野田スクールクリスタル終わりに打ち上げが行われた。

作家さんと劇場のスタッフさん。そして僕と村上。

僕と作家さんはアンケートを読みつつ、どこをどう直していけばいいのか。これからこのライブはどのような方向に進んでいけばいいのかを熱く語っていた。

やはりライブ終わりというのはストイックになるものだ。

その横で村上とスタッフさんも熱く語っていた。

僕はライブの主催者として考えなくちゃいけないことがたくさんあるし、村上も出演者として反省点がたくさんあるのかもしれない。

普段はあまり真剣に成りきれない村上だが、この日は違うようだ。

一体どんな会話をしているのだろうか。もしできることなら僕も村上と意見を交換したい。笑いを語り合いたい。それがコンビなのだから。

僕はこっそり村上とスタッフさんの会話を盗み聞きし

た。

すると、会話の節々に「性癖」という言葉が飛び交っていた。

村上は真剣な表情で自分の性癖について熱く語っていた。

それを真剣な表情でスタッフさんは聞いていた。

二度と打ち上げに来ないで欲しいと思った。

そんなこんなで第3期・野田スクールクリスタルが11月6日に行われます。

チケットがまだあまり売れてないそうです。

是非見に来てください。

2010/10/13（水）ある夜中の出来事

最近Ｘｂｏｘを買った。

Ｘｂｏｘのコントローラにマイクをつけると通信相手と会話をしながらゲームができるらしく、僕はマイクも一緒に買った。

そして夜中、Ｘｂｏｘの電源をつけ格闘ゲームをやっていると、マキシマムパーパーサムのつよしさんと通信が繋がった。

つよしさんは「あぁ野田クリやん」と言った。僕は「おはようございます」と挨拶をした。

僕はなんだか緊張した。普段何気なく会話しているつよしさんだったが、いざ2人だけで会話するとなると何を話せばいいのだろうか。

しばらく無言でつよしさんと対戦を行う。

仕事の話をした方がいいのだろうか？　いや、プライベートで、ましてやゲーム中にそんなストイックな話するのはどうなのだろうか。

僕が試行錯誤を繰り返していると、つよしさんは「ちょっとトイレ行ってくるわ」と席を外した。

僕は「あっはい」と言った。

もしかして空気が重いのが耐えきれず、たまらず席を外したんじゃなかろうか？

あぁ、何か喋らないと。

つよしさんはゲームが好きなんだろうか？　ならゲームの話が良いだろうか？　よし、ゲームの話をしよう。

するとつよしさんが戻ってきた。

緊張の中、僕は口を開こうとしたところ、つよしさんが

「野田クリ」と言った。僕はちょっと焦りながら「あっはい」と言った。

そしてつよしさんはゆっくりと喋った。

「実は今日な、担々麺食っててん。で今うんこしててん。ほんならな……」

僕は「くる」と瞬時に悟った。次の言葉でオチがくる。

オチがくるなら素早くツッコまなくてはならない。

僕は息を呑んだ。

そしてつよしさんは言った。

「ごっつケツ痛くなってん。フフフ」

やばい。どうでもいい。クソどうでもいい。クソだけに、

やかましいわ、と思った。

僕はたまらず「あっまじっすか」と言った。

つよしさんは「うん」と言った。

ちなみに対戦結果は僕の惨敗だった。つよしさんだけにつよしと思った。思ったが言う度胸はなかった。

2010/10/20(水) 僕は「頑張れ」と言ってその場を去った

野田スクールクリスタルがもうすぐ始まるが、その前に同じく浅草で23日にエリヤン橘主催のライブがある。

このライブはだいぶ前から打ち合わせが始まっていて、なんでも劇場の方から「合唱コンクールみたいなライブをやってほしい」と言われたらしく、橘も「んー。どうしたらいいんだろうね」などと頭を悩ませていた。

そして打ち合わせを重ね、僕は「やっぱり合唱コンクールだけだときつくないか?」と言った。

すると橘は「うーん。だったら、芸術祭っていうのはどうだろ?」と言った。

僕は「それだ! 浅草芸術祭。芸人達があらゆる芸術を披露するライブ。これならやれることが多そうだ!」

こうして僕たちは「芸術」に関係あるコーナーを考えた。合唱コンクールに縛られていたときとは違いアイデアが次々と生まれる。

そして橘は「これならいけそうだ」とホッとした表情を浮かべた。

いち段落ついたところで僕は「そういえば出演者とかって決まってるの？」と聞くと橘は「あぁどうだろう。ちょっと調べてみるよ」と言って携帯を取りだし、浅草花月のホームページでライブの詳細を確認した。

すると橘は一瞬固まった。

僕は「どうしたの？」と聞くと、橘は「やばい。ライブのタイトルがおかしい」と言った。

僕は「タイトルって浅草芸術祭じゃないの？」と聞くと橘は「それまだ劇場に伝えてなかったんだよね」と言った。

「じゃあ何になったの？」と聞くと、橘から携帯を渡された。

タイトルはこうなっていた。

『「300人の〝時の流れに身をまかせ〟」芸人と一緒に来場者全員で歌おう!!』

橘は言った。

「ライブが勝手に歩き出すのは初めてだ」

2010/10/27（水）「恋のチャンス」誕生秘話

M－1前哨戦の日の話。

ネタが終わり帰り支度をしていると、カナリアの安達さんに「野田。歌詞書いてみないか」と言われた。

なんでも安達アイドルグループのライブで新曲を発表するらしい。

前回の『Milky way』も歌詞作りに何故か僕が立ち会っていたので、今回の新曲の歌詞は僕が作ることになったようだ。

とは言ってもどんな歌詞を書こうか悩み、ペンを走らせても書いた歌詞があまりにも真面目すぎて「なんかさぶいな」と思い、書いた紙をゴミ箱に捨てた。

ここで僕は「ボケよう」と思った。

明らかに安達さんが嫌いそうな、クソみたいな歌詞を書くことにした。

そして安達さんに「なんやねんこの歌詞！」とつっこんでもらい、笑いを生んでその場をごまかし安達さんとも打ち解けるという作戦だ。

クソみたいなものは基本的になんでも得意なので、すぐに歌詞は完成した。

タイトルは『恋のチャンス』。

「あなたの声が聞こえてくると私のハートはマグニチュード9．5」という地獄のような歌詞が完成した。

さっそく見せに行こうと思い、安達さんのところへ向かった。

すると何やら様子がおかしいことに気づく。

安達さんとボンさんがもめている。

会話の内容から推測すると、スケジュールの手違いなどが原因でもめているようだが、それよりもとりあえず安達さんがキレている。

僕は安達さんがキレているのを初めて見た。

やばい。歌詞やばい。

とてもあんな歌詞見せれる状態じゃない。

僕はヒザが震え始めた。ヒザがマグニチュード9．5だった。

でも今更「歌詞まだできてません」とも言えない。完全に詰んでる。死んだ。

僕はもめている中、恐る恐る安達さんに「すいません。歌詞できたんですが」と言った。

安達さんは「ほんまか。見せて」と言って、僕が書いた『恋のチャンス』を読み始めた。

僕は目を瞑りながらずっと下を向いていた。

読み終わった安達さんは僕の肩にそっと手を置きこう言った。

「おまえ天才か」

こうして新曲『恋のチャンス』は誕生した。

ホッとした反面、このアイドルグループは大丈夫なのかと心配になった。


2010/11/03（水）まずその前に明日はM－1

さて今週の野田スクールクリスタルは？

野田です。

結局寿司が一番うまいです。

さて次回は？
・好井、骨延長手術で身長が2m超える
・好井、あれはホクロじゃなくて印鑑が刺さってた
・好井、少しだけ風を操れる
の3本です。

来週も見てくださいね。じゃんけんぽん。はい勝った。

2010/11/10(水) 結局ただの告知

吉本から「次回UTAGE LIVEに出演していただくので、歌いたい曲を教えてください」というメールが来た。

前回村上が出演したということで、もうマヂカルラブリーのターンは終了しただろうと気を抜いていた矢先の出来事だ。

「僕歌自信ないんですが」とスタッフさんに言うと、「アイドルグループ入ってるから大丈夫よ」と言われた。全然大丈夫じゃない。

基本的に人前で歌うのが苦手で、カラオケも人と行くくらいなら一人で行くタイプだ。

そのあとメールの追記で「ちなみにテーマはLOVEです」と言われた。

LOVEを連想する曲を選んで欲しいらしい。

それを聞いてまず連想したのが『LOVE&JOY』だった。

僕が無限大の舞台でひとり全力で『LOVE&JOY』を歌っている光景を想像し、トイレでゲロを吐きそうになった。

それじゃあ尾崎豊さんの『I LOVE YOU』なんかどうだろう? 尾崎豊さんみたいな格好もしていることだし。

僕はまた無限大の舞台でひとり甘い顔をして『I LOVE YOU』を歌っている光景を想像した。

すると最初の愛をささやく歌詞あたりで胃が荒れ始め、中盤あたりでゲロを吐きそうになった。

もうこうなったら振り切るしかない。弱音を吐いてる場合じゃない。ゲロも吐いてる場合じゃない。吐くのは甘いボイスだけで十分だ。

そんなこんなで例のあの曲を歌うことにした。

前回の村上の歌った曲を知っていれば容易に予想ができると思う。

ということで一人カラオケで特訓を始めようと思う。

その後スタッフさんから「チケットがまるで売れてません」というメールが来た。ゲロを吐いた。

11月14日「UTAAGE LIVE」是非見に来てください。

2010/11/17（水）M－1の舞台裏

M－1、3回戦当日。

緊張していた。去年のトラウマもあり、僕は凄まじく緊張していた。

いつも通りやれば受かるはずだ。そう自分に言い聞かせ会場に入った。

楽屋に入るとガリバートンネルの三須が水球の帽子をかぶって海水パンツ一丁になっていた。

僕は「仕事終わり?」と聞くと三須は「なに言ってるんですか野田さん。M－1ですよM－1」と言った。

「そんじゃ早く着替えろよ」と言うと三須は「いやこれ衣装ですよ」と答えた。

いやいやいや。と思った。

「漫才の大会だけど」と言うと三須はニヤリとした。

あぁ、こいつら荒らす気だなと思った。

毎年M－1に現れるM－1の荒らし。それまでの流れを完全に壊して帰るクラッシャー。

この荒らしの後にネタをするコンビは地獄だ。一体そんな災難に見舞われたのどこのどいつだ？　と僕は半笑いでネタ順を見た。

するとそこには「ガリバートンネル、マヂカルラブリー」と書かれていた。

僕は一度目をこすった。

こすったが、やはり僕らはガリバートンネルの後だった。

僕は大声で「三須！」と叫んだ。

「お願いだから今日は帰ってくれ。かけてるんだ。俺らM－1にかけてるんだ」

三須は鏡の前で衣装を確認しながら「大丈夫ですって野田さん。こう見えてもネタはちゃんとしっかりしてるんですから」と言った。

僕は「そうなの」と少しホッとした。

すると三須はどこからかCDラジカセを持ち出し、AKB48の『会いたかった』を流しながら踊り始めた。

僕は大声で「三須！」と叫んだ。

「なにそれ？　なんで音楽かけながら踊ってんの？」

三須は踊りながら「なんでってネタの練習ですけど」と言った。

「漫才じゃないじゃん。いつものじゃん。いつものおまえじゃん」

三須は少しため息をつきながら「野田さん。心配しすぎですってー。大丈夫です。しっかりしてますから」と言ってダンスを続けた。

いやしっかりしてるのはおまえのダンスのキレだけだろって思った。

結果、僕らは無事3回戦を通過することができた。落ちてしまったガリバートンネル三須は「いやーマヂカルさんに良いアシストができたー」と言った。言いながらも少したため息をついていた。

彼らもかけていたのだ。

2010/11/24(水) ダメだこりゃ

郵便局の話が最近ないというコメントを頂いたので郵便局の話。

僕が勤務している郵便局は異常に事故率が高く、全国の郵便局の中でも年間の事故件数でトップを争っているらしい。

僕自身も数年前に一度、走行中に右手と左手を交差してハンドルを握るという謎のチャレンジをしたときに自爆したことはある。

そんなこんなで我が郵便局では「無事故」を目標にいろんなトレーニングが行われた。

三角コーンを置いてS字に走行する練習。

線を引いて真っ直ぐ走行する練習など。

練習で使われた三角コーンは衝突を繰り返し数日でヒビが入り、そら事故起こすわというような成果が上げられた。

出発前には、バイクの前後左右にひらがな4文字のフリップを置き、それを読み上げるという練習が行われた。

これで前方後方確認の癖をつけるらしい。

前方のフリップには「あ」と書かれ、後ろには「ん」右には「ぜ」左には「ん」。

「あんぜん」と読み上げるのが正解だ。

これを僕の先輩は何故か「ん・あ・ん・ん」と読み上げ、どんだけ「ん」読むんだよと課長に叱られた。

僕も挑戦したが「ぜ・ん・い・ん」と読んでしまい、どっから「い」が出てきたんだよと叱られた。

そんなこんなで1ヶ月たち、課長は皆を集め「今月は無事故を目指すぞ。練習の成果を見せてみろ」と局員全員に気合を入れた。

これまでとは目の色が違う郵便局員達。僕はこの様子を見て「あぁフラグだな」と思った。

そして案の定、その日に事故は起きた。

課長はそれを聞いて下唇を前に突き出していた。

僕は「なぜいかりや長介さんのモノマネをしているんだろう」と思った。

2010/12/01（水）素敵な誕生日

たくさんのお祝いメッセージありがとうございました。

「素敵な誕生日になりますように」

そんな思いが込められたプレゼントやお手紙、とても感謝しています。

とは言えM－1も近いので浮かれる訳にもいきません。

外に遊びに行くのは違うなと思い、誕生日は家で精神統一することにしました。

ただぼーっとするのも違うなと思いネットで誰かのネタ動画を見て勉強をしようとパソコンを立ち上げました。

動画と言ったらまずはニコニコ動画です。さっそくネタ動画を見ようと思いましたが、ニコニコ動画プレミアム会員としてまずはランキングと新着動画をチェックしなくてはいけません。

そしてたまたまこの日はスーパーストリートファイターⅣのダルシム対戦動画がアップされていまして、ダルシム使いの僕としてはチェックせざるをえません。

そして動画を見てる最中、偶然僕のひじがXboxの起動ボタンを押してしまい、起動したのならスーパーストリートファイターⅣをプレイせざるをえなくなり、やむを得ずネットを通じて全国の猛者たちと対戦することになりました。

そしてその日のダルシムはものすごく調子がよく、気づくと24時を回ろうとしていました。

「やばい誕生日が終わる」

今日を振り返ると、ただニコニコ動画を見てゲームをやっただけです。

ああやばい誕生日が終わる。なにかやらなくては。

そして0：00になると同時になぜか僕は指パッチンをしました。

僕の誕生日は指パッチンで終わりました。

2010/12/08（水）メッセージ

たくさんの方から「準決勝おめでとう」という言葉を頂き、改めて準決勝に上がるということの大きさを実感した。

ただ未だに自分が両国国技館でネタをやる姿が想像できない。大丈夫だろうか。

そんな不安をかき消すかのように、無限大に行けば芸人達から「やったな」と声をかけられ、お客さんからは「おめでとう」と一緒になって喜んで頂き、親からは「頑張って」と気合をもらった。

後はもうやれることをやるだけだ。

僕の決心は固まった。

そして僕はいつもの如くXboxの電源をつけ、ストⅣをプレイした。

するとXboxで自分宛てにメッセージが届いた。

シソンヌのじろうからだった。

こいつからもぜひ気合をもらいたいと思っていたところだ。

僕は「ありがとう」と小さく呟きメッセージを開いた。

メッセージはこうだった。

「野田さんストⅣばっかやってますね。キショ！」

優勝したら賞金でこいつ殺そうと思った。

完全に犯行予告。捕まる。

2010/12/15（水） ほとんどただの告知

M－1の話はシチサンでするとして、今回はそのシチサンLIVEのお話。

今回の出演者は皆インディーズ出身の芸人で、お笑いでいうインディーズとは簡単に言うと「自主ライブ」のことだ。

個人でライブ会場を借り、どこか会社を通すわけではなくライブを行う。

主な活動地は中野、下北沢、新宿。

会場は異常に狭く、キャパは50人ほど。ギャラなどはなく、むしろ払う。

告知も大してできないので、お客さんも知り合いばかり。

さらにスタッフさんも基本的には元々お客さんだった人の協力などでライブは作られていく。

そしてほとんどの芸人のHPが「魔法のｉらんど」。

そしてほとんどの芸人が楽屋●●。

そしてほとんどの芸人が軽●●者だ。

そんなインディーズ芸人ばかりの今回のシチサンLIVE。

放送事故がないことを祈るばかりだ。

2010/12/22（水）　12月26日

12月26日はいよいよ最後のM－1グランプリだ。

僕達は準決勝で敗れてしまったため、26日の敗者復活戦が最後の戦いになる。

言ってみれば、今年一年で最も大事な日なのかもしれない。

一方郵便局では、年賀状の仕分けがいよいよ26日から始まる。

その日は25日までに届いた年賀状がすべて郵便局に届く日で、さらに26日は短期アルバイトの初出勤なので僕達はイチから短期の方に仕事を教える日でもある。郵便局員にとって一年で最も忙しい日だ。

僕はこの26日は1ヶ月以上前から休みを出していたが、出勤表を見ると「出勤○」と書かれていた。

僕は慌てて課長のところに行った。

「すいません。この日は休みを出していたんですが」

課長は即答で「いや無理」と答えた。

「いや、どうしても大事な用があって」

課長は「むーり」と答えた。

やばい。課長の「むーり」が出た。このときは本当に「むーり」なときだ。

僕はやむを得ず、M－1という大会があることをイチから説明しクビ覚悟でお願いした。

課長は「わかったよ。大会頑張れよ」とため息をつきながら納得した。

僕はホッとし、その場を去ろうとした。

すると去り際に課長は「あー。1月2日は必ず出勤しろよ」と言った。

1月2日は返り年賀で郵便局内がパンク状態になる日だ。

しかし僕は1月2日はライブが入っていることを知っていた。

僕は申し訳なさそうに「すいません。その日も駄目なんですよ」と言った。

課長は「なんだ。また何か大会があるのか」と聞いた。

僕は「新春、囲碁将棋大会があります」と答えた。

課長は「いやおまえ何になりたいんだよ」と怒鳴った。

囲碁将棋主催のネタライブという説明はさすがに出来なかった。

それでも雇ってくれていたことに感謝の気持ちでいっぱい。

2010/12/29（水）いろんなクリスタル

仕分けをしている。

と見せかけて今日は元旦に放送されるゴールデンカーペットの収録に来ている。

朝の5時から7時くらいに出てるらしいが、僕らみたいなものがテレビに出れるだけでありがたいものだ。

とはいえこの年末年始、完全に郵便局を休むというわけには行かず、うまいことバイトを抜け出さなくてはいけない。

配達に行くと見せかけて郵便バイクでお台場のスタジオまで向かうという作戦を考えたが、だいぶファンキー郵便局員・野田になってしまうのでやめた。

年賀状をスタジオまで持っていき、他の芸人がネタをやっている隙に年賀状の仕分けをするという作戦も考えたが、だいぶトリクリ（トリッキークリスタル）になってしまうのでやめた。

なら一体どうしたらいいのか。
もう後は、先輩に「任せた」と言って年賀状を渡し中指を立てながら走り去るくらいしか思い付かない。

散々悩んだあげく、最終的に僕はドゲクリ（土下座クリスタル）になった。

でもやっぱり三が日は仕分けしてた。

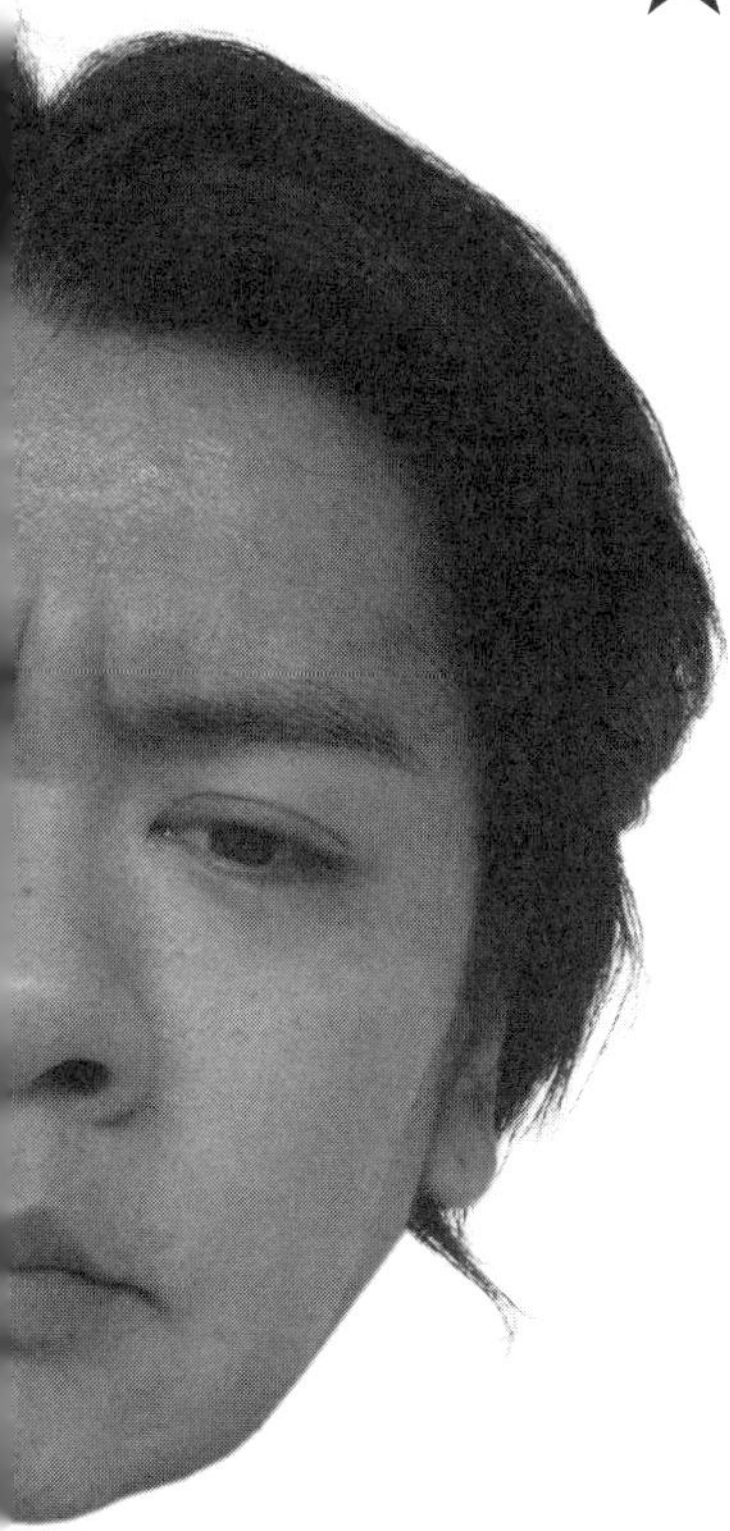

NODA'S DIARY 2011

2011年

2011/01/05（水）楽屋にて

井下、山西と一緒に楽屋で駅伝を見ていた。

僕はまるで駅伝に興味はないが、なんだか2人が盛り上がっていたので一緒に乗っかっていた。

僕は何も知識がないので「いやーでもこいつら本当すごいよなー。よくこんな走れるよなー」と適当に喋った。

すると井下は「いや、でも彼らは陸上界の落ち[redacted]みたいなもんなんですよ」と言った。

僕は「選ばれた人たちじゃないの？」と聞くと、井下は「彼らもほんまは短距離走りたいんです。でも短距離って努力だけじゃどうにもならないんです。才能が必要なんですよ」と語った。

山西は「つまり短距離の才能がないから努力して長距離選手になったってこと？」と聞いた。

井下は「まぁそういうことやと思う」と言った。

僕は「なるほどね。つまり本当は正統派やりたいのに才能がないから色物に走ったマヂカルラブリーみたいなもんだな。やかましいわ」と言った。

井下は「はははは」と笑った。

山西も「いやいやいや。ははは」と笑った。

僕も「ははは」と笑った。

2人は最後まで「そんなことないですよ」と言ってはくれなかった。

2011/01/12（水）隣にいるうるさい奴

だいぶ日は経ったが、去年1年間を振り返ろうと思う。

特に印象に残っているのをダイジェストでお送りするぞ。

「ぎゃあああ。アキレス腱切れたー」

神保町花月の稽古中、村上が叫んだひと言。翌日普通に歩いていた。

「ぎゃあああ。くも膜下出血だー」

神保町花月の本番中、村上が叫んだひと言。目が充血してるだけだった。くも膜下出血なめんなよと思った。

「ぎゃあああ。電車に置いてきたー」

単独ライブの日に村上がピンク色のカーディガンを忘れた時のひと言。今日持ってこなくていつ持ってくるんだと思った。

「ぎゃあああ。僕もらってないー」

ライブで手取りのギャラをもらってないことに気づいた村上のひと言。もらってこいよと思った。

「ぎゃあああ。5000円入ってるー」

そのギャラの入った封筒の中を見たときの村上のひと言。その後スロットへと駆け込んだ。

「ぎゃあああ。お金ないー」

そのスロットで負けたときのひと言。黙れと思った。

そんなこんなで去年はいろいろあった。

ちなみに、今年の村上のひと言は「ぎゃあああ。『スッキリ!!』出れるー」だった。

2011/01/19（水）　タイトルをつけるのは大変だ。第3弾の巻

TSUTAYAで見つけたセンスのない映画タイトルを紹介するこのコーナー。

相変わらずセンスのないタイトルがTSUTAYAに溢れかえってる。では紹介していこう。

「ショウほど素敵な商売はない」
↓ショウしかかかってない。

「紳士は金髪がお好き」
↓「お好き」がだいぶうざい

「郵便配達は二度ベルを鳴らす」
↓やかましいわ。

「ノンちゃん雲に乗る」
↓すごい。褒めたげて。

「美女ありき」
↓じゃあ見ねえよ。

「アパートの鍵貸します」
↓サンキュ。

「太陽がいっぱい」
↓寄り目してるだろ絶対。

「明日に向って撃て！」

↓うるせ黙れ。

「俺の血が騒ぐ」

↓わかったから帰れ。

「アニーよ銃をとれ　特別版」

↓もう絶対とる気ない。

今回もまたたくさんセンスのないタイトルを紹介できた。

僕は「郵便配達は二度ノックする」という映画を作ろうと思った。あとアニーはそろそろ銃をとってほしいと思った。

2011/01/25（火）防犯宣言

郵便局では毎朝ミーティングがあるが、そのミーティングの最後に必ず防犯宣言というのを郵便局員全員で唱和する。

課長が人差し指を前に突きだし「防犯と、口で言うより、まず実践」と言ったら全員がそれを繰り返す。

この防犯宣言はいろいろなパターンがあり、例えば「犯罪を、見逃すあなたも、犯罪者」など、基本的には五・七・五のようになってることが多い。

今回この防犯宣言を募集することになり、僕は課長に気に入られるべく最高の防犯宣言を考えることにした。

まず防犯宣言は形が五・七・五で、今日1日の目標となる言葉。

そして語呂が良い言葉。つまり韻をふんだ方が良いだろう。

そして1週間後。

悩みに悩んだあげくついに防犯宣言が完成した。

出来上がった防犯宣言は、

「郵便を、無事届けたら、You win」

満面の笑みでこの防犯宣言を課長に見せた。

課長は「なめるなよ」と言った。

You winはストⅡのイメージ。

2011/02/02(水) ダイの大冒険

単独が無事終わりました。お越し頂いたお客様ありがとうございました。

単独を見に来た人にしかわからない日記になってしまうが、いろいろと書きたいこともあるので今回は単独のお話。

まずは、「マヂカルラブリーの単独ライブは、お客様の帰るスピードが尋常じゃなく早い」について語りたいと思う。

前回単独の出待ちのお客様が4人だったということを日記に書いたが、今回は7人だった。

僕らの単独はなぜかお客様が凄まじいスピードで帰られるのだ。

実際出待ちして頂いた方からもお話を聞くと「すごいス

ピードでみんな帰りました」と言っていた。

まるで火事でも起きたかのようにすみやかに会場から離れるお客様達。

そもそも本当にお客様はいたのだろうか？

もしかしたら1人のお客様が高速で動き回り残像を作って満席に見せていたのかもしれない。

それとアンケートに「次回の単独までに豪鬼について調べておきます」というコメントを頂いたが、次回の単独で豪鬼が出る可能性は非常に低いので調べないで欲しいと思った。

そういえばハプニングがあったと言っていたが、実は「ガン」というコントでバンソーコーを額に貼って登場するところで、最後に貼る予定だった「眼」が貼られていて完全に意味不明なコントになったという事件が起きた。しかしお客様は何故か納得して頂いたようで、これはこれでよかったのかなと思った。

そんなこんなで単独は終わり、次は野田スクールクリスタルに向けて打ち合わせ中です。

ちなみに今のところ次回の単独ではまたキルバーンが出てくる可能性が高いです。

2011/02/08（火）ある晴れた日のこと

山手線で新宿に向かっていた。

座席は埋まっていて、僕はドアにもたれながら携帯をいじっていた。

そこで僕は奥歯に何か詰まっていることに気づき、それを舌で取ろうとした。

すると前にいた若い男2人がずっと僕の方を見ている。

僕はなんだろう？　と思いながらも気にせず奥歯に詰まってるものを取ることに夢中になっていた。

ふと気付くとその男2人は何かヒソヒソと喋っていた。

僕は聞き耳を立ててみると、男2人は「ほら見ろあいつ。奥歯に何か詰まってるぜ」「おまえ取ってあげろよ」「つざけんなよ」と完全に僕のことで盛り上がっていた。

僕は、うっとうしいなと思いながら気にしないフリをして奥歯に詰まっているものを取っていた。

しかし男2人は更に盛り上がり「なんであいつ手使わねーんだよ」「おまえ手使えって言ってこいよ」「つざけんなよ」と露骨に僕に聞こえるように言ってきた。

僕はさすがに頭に来て「おい」と2人に声をかけ、鬼のような顔で「いいかげんにしろよ」と言い放とうとした瞬間、駅員の「目黒ー目黒です」というアナウンスとともにもたれていたドアが開いて「いいかげんに」まで言いかけながら僕はそのままホームに吸い込まれた。

僕はすぐに体勢を立て直し「しろよ！」と吐き捨て、そのまま目黒に消えていった。

特に目黒には用がなかった。

2011/02/15（火）ふんわり局長

朝、バイトのため郵便局に行きタイムカードを切ると、課長が「あぁ野田。仕事終わったら局長室に来て」と言った。

僕は「はい」と返事をした。

僕はこのとき、昨日ホームページのBBSで見た「郵便局で非正規社員削減するそうですが大丈夫ですか？」という書き込みを思い出した。

やばい、きたと思った。

僕は配達中に配達人生6年間を振り返り、自分の何がいけなかったのかを考えた。

やはり急な休みが多いのが原因かもしれない。

そして仕事が終わり、僕は局長室に向かった。

向かってる最中、僕の足は震えていた。

局長室に入ると、局長は「あぁ来たか」と険しい顔で僕を迎えた。

僕はすぐに「まさか僕クビですか?」と聞いた。

局長は「いや、髪長すぎ」と言った。

僕は「えっ?」と聞き返した。

局長は「その髪なんとかならんのか」と言った。

僕は「あっはい。すいません」と言った。

局長は「うん」と言った。

そしてお互い長い沈黙が続いた。

もう一度局長は「うん」と言った。

僕は「あっ終わりですか?」と聞いた。

局長は「うん」と言った。

こうして僕は局長室をあとにした。

今のところクビにはなっていない。

あと髪も切っていない。

2011/02/23(水) いろんな菅良太郎

ライブ終わりにエリヤン橘から「ボルダリングやらない?」と誘われた。

「ボルダリング?」と聞くと、橘は「室内でやるロッククライミングみたいなもんだよ」と答えた。

あーテレビで見たことあるな、と思い、やったことはないが面白そうなので挑戦してみることにした。

そして橘と一緒にそのボルダリングができるジムに向かうと、「野田さん。おはようございます」と声をかけられた。

振り向くとそこには菅良太郎がいた。

聞くと菅良太郎も前からボルダリングをやっているらしい。

僕は意外だった。菅良太郎と言えばもう手遅れなくらい引きこもりで、僕に近い生活を送っていると思っていた。

ジムに入ると菅良太郎は慣れた手つきで受付を済ませ、早々と更衣室に入っていった。

Tシャツに短パン姿の菅良太郎。いつもの彼とは何かが違う。

菅良太郎は室内の壁に無数飛び出ている岩を睨み、手に滑り止めの粉をつけて深呼吸をした。

そして岩を掴み、凄まじい迫力で上によじ登っていく菅良太郎。


しかし足を滑らせ、マットに転げ落ちる菅良太郎。

落ちるときは毎回尻から落ちる菅良太郎。

しかし落ちるときも無表情の菅良太郎。

ペットボトルを岩のように掴み、そして飲まないという小ボケをする菅良太郎。

ジムの人と仲良くなる菅良太郎。

どこか充実している菅良太郎。


こんな菅良太郎、僕は見たことがなかった。


2時間が経ち、僕らはジムから出てご飯を食べに行った。

菅良太郎は酒を飲みながら「向井はヘキサゴンで売れた。俺はボルダリングで売れたい」と言った。

言ってる意味がよくわからなかった。


別にヘキサゴンで売れたわけじゃないと思う。

2011/03/01(火) 現在母は使いこなしている

我が家のお風呂が改装工事により進化した。

「自動」というボタンを押すと「お湯はりを開始します」という音声が流れ自動的にお湯がたまり、お風呂が満タンになると「お風呂に入れます」という親切な音声とともに、自動的にお湯が止まるようになった。

うちの母親は「別にこんなのいらない」と言った。
僕は「いや便利だよ。なんでも自動でやってくれるよ」

と言うと、母親は「私が自動でやる」と言った。

意味がわからなかったが、僕はその言葉をお風呂だけに流した。

そして、これまで通り蛇口を捻ってお湯をためる母親を見て「この便利さを理解していないんだな」と思い、僕は実際にこの機械でお湯をためるところを見せた。

ボタンを押し「お湯はりを開始します」という音声が流れると母親は「声がでかい」と言った。

そしてお湯がたまり、「お風呂に入れます」という音声が流れると母親は「全然入れない。ぬるいし量も足りない」と言った。

僕は「それも調整できるみたいだよ」と言うと、母親は「ほら余計に手間かかるじゃない」と言った。

そして水の方の蛇口を捻り「自動だからお湯も冷たい」と言った。

「いやそれは水の方捻ってるからだよ」と言うと、母親は「あぁもうわかりにくい。もういい。自動もういい」と言って給湯のスイッチをオフにした。

僕は「いやそれオフにするとまずお湯が出ないよ」と言うと、母親は「あぁもうだめねこれ。ハズレひいたわ。ハズレのお風呂ね」と言った。

そして去り際に「換気扇の音もうるさいし」と言った。

それは前からだろと思った。

2011/03/09(水)でも素敵なライブになったことは悪くない

野田スクールクリスタル第4期が無事終わった。

まず今回開場時間が押してしまい申し訳ありませんでした。

しかし、これにはいろいろな理由があるので言い訳させてほしい。

まずこのライブはいろいろとやりたいことを2時間に詰め込んだ結果、リハーサルにものすごく時間がかかる。

それならリハーサルをもっと早い時間から始めたらいいじゃないかという話で、これは完全に僕が悪い。

次に、転換中にR藤本と井下の小芝居があり、その台本の確認とリハーサルに時間がかかる。

それならもっと早くに台本を作っておけばいいじゃないかという話で、これは完全に僕が悪い。

次に浅草花月が駅から遠いため、到着に時間がかかる。

これは説明する必要もなく完全に僕が悪い。

次に出演者にはランニングとジーパンを着てもらう必要があり、これを着るのに時間がかかる。嘘。かからない。

なんやかんやあって完全に僕が悪い。

そんなこんなで完全に僕が悪いです。本当にすいませんでした。

2011/03/15（火）冷静とはこういうこと

その日はばちーんんんＬＩＶＥがあったため、支度をして家から出ようとした瞬間に地震は起きた。

揺れが少しずつ大きくなっていく最中、もしかしてこれは以前から起こると噂されていた首都直下地震なんじゃないかと思い、僕の頭の中が高速で回転した。

↓家の近くには小学校があり、緊急の場合はそこが避難所とされている。つまり僕はこれから避難所に行くんだ。

↓避難所で数日生活するから漫画を持っていこう。

↓避難所生活の際、漫画の束を枕にすることが可能だ。

↓漫画だけだと硬いのでクッションも持っていこう。

↓いや、だったらクッションだけでいいんじゃないか。

↓いや、別に漫画は枕にするために持っていくんじゃない。

↓やばい。揺れが大きい。机の下に避難だ。

↓漫画も持っていこう。

最終的に僕は机の下で漫画を抱きかかえていた。

書き込みを見て、皆様が無事であったことにホッとしました。

しかし今も被災地では助けを求めている方々や、避難所の生活に苦しんでいる方々がたくさんいるという事実を認識し、微力ながらも自分のできることを探し、一人でも多くの人が救助されることを祈っています。

茶化してはいけないところをわきまえる歳になった。

2011/03/23（水） 皆さんにもお勧めします

休日明けの郵便局。

タイムカードを切って作業場に向かうと、僕の机の前に大量の郵便が置かれていた。

僕はそれを見て目が回りそうになった。この量だと残業は免れない。今日中に終わるかどうかも怪しい。

いや、手際よくやれば残業1時間で済むはずだ。

僕は気合を入れ、全神経を郵便に注いだ。

すると、作業場のスピーカーから軽やかな音楽が流れ始めた。

なんだ？ と思ったが、今はそれどころじゃない。僕は気にせず作業を進めた。

軽やかな音楽は次第にアップテンポになっていき、そして男性の声で「それでは今日も一日、ゆうびんたいそうー」という声が流れた。

ゆうびんたいそうだと？ と思った。

その声とともに、他の郵便局員達は椅子から立ち上がり体を動かし始めた。

僕は訳が分からず、とりあえず席から立ち上がった。

6年間勤めているが郵便体操なんて一度もやったことがない。

一体どんな体操なんだろうと、僕は周りを見渡した。

すると全員動きがバラバラだった。全員知らなかった。

僕もとりあえず適当に音楽に合わせて体を動かした。

そして郵便体操は終わり、課長が「それでは今日も頑張りましょう」と言うと、全員が作業場に戻った。

一体なんだったんだろう？　僕もとりあえず作業場に戻った。

そこで僕は気がついた。

緊張していた体がほぐれ、頭もほどよくリラックスしていることに。

あんなに焦っていた僕が、郵便体操のおかげでこんなにも気持ちよく仕事ができるようになっている。

これが郵便体操の力なのか。

ありがとう郵便体操。

その日、僕はリラックスして仕事に取り組み、残業3時間で帰った。

2011/03/30(水) ちなみに枕なしも健康に悪い

血色が悪い、常に眠気がある、猫背、低血圧。

これら4つの症状と常に向き合ってきた僕だが、最近原因が判明した。

僕は枕を高くしないと眠れず、首が直角に曲がるくらい枕を高くして寝ていた。

「枕を高くして寝る」ということわざが悪い意味ではないため僕は気にせずそうしてきたが、ここ最近ネットで「枕を高くして寝ると、猫背、低血圧、眠りが浅い、肩こりなど、非常に健康に悪い」と書かれているのを見つけた。

それを見て僕はさっそくその日は枕なしで寝ることにした。

ベッドの枕をどかし布団に潜ると、今までの高い枕に慣れすぎたせいか、まるで逆さ吊りにでもされているかのように頭がクラクラして、吐き気がした。

それでも僕は「これで健康になれるのなら」と思い、飲めないお酒をガブ飲みしてひたすら布団の中で目を瞑った。

すると次第に眠気がやってきて、僕は遂に枕なしで寝ることができた。

これで僕も健康お兄さんになれる。

朝、後頭部に激痛が走り僕は目が覚めた。

「なんだ?」と思い、後頭部を触ろうとしたところ、僕の後頭部には壁があった。

寝ている間に僕は壁を枕代わりにして首を曲げていた。

リハビリには相当時間がかかりそうだ。

2011/04/06(水) 真顔

お芝居の稽古中、演出のオコチャさんから「自分の10年前の写真を持ってきて」と頼まれ、皆それぞれ10年前の写真を持ってきた。

村上はニコニコしながら「いやあ、なんか恥ずかしいなぁ」と言いながら学生時代の写真を出した。

すると周りの人はその写真を見て「おっ、村上男前じゃん」「痩せてるねー」と盛り上がり、村上は「いやあ。他校の女子に告白されたこともあるんですよー」と嬉しそうに語った。

「村上すげーじゃん。モテたんだー」と周りが言うと村上は声高らかに「そんなことないっすよー。ハハハハ」と満面の笑みで言った。

周りが盛り上がる中、オコチャさんが真顔で「なんでそんな風になっちゃったの？」と聞いた。

村上は真顔になった。

2011/04/13（水）引き出しに大量のアメが入ってた

神保町の稽古中は郵便局のバイトに行けなかったので今日は久しぶりの出勤となった。

なんだか緊張しながら作業場に向かうと僕の椅子に知らないおっさんが座っていた。

僕は「あああ」となった。

僕の席がない。

これはつまりクビだ。

僕はへこみながら課長のところに向かい「すいません。僕の席がないんですが」と言った。

すると課長は「え？　あっ。あいつまた」と言って僕の椅子へと向かい、座っていたおっさんに「おい仕事場に戻れ」と言った。

座ってたおっさんは「すっすいやせん」と言って立ち上がり、モップを持ってどこかへ消えていった。

休みの間に僕の椅子は清掃員のおっさんの休憩所と化していた。

2011/04/20（水）占い

先日品川で「ゲッターズ飯田さんに占ってもらう」とい

うライブに出演し飯田さんに手相などを見てもらった。

その飯田さんの占いは他の出演者もびっくりするくらい当たっていて、僕も麺類が大好物ということ以外すべて当てられた。むしろ麺類を好きになろうと思ったくらいだ。

ちなみに僕は金銭運が出演者の中で最下位だった。

僕はこういう占いを気にしないフリをして死ぬほど気にするタイプなので、帰り道ずっと財布を握り締めていた。

占いなど気にせずにいつも通りでいるべきだとは思うが、気にしてしまう性格なのでどうしようもない。

とはいえ僕も村上も特に事故を起こすなどという占いは出ていないので、特に気にすることはないのかもしれない。

今日の占いは一旦忘れようと思った。

ただ飯田さんが「お互い陰で相方の悪口を言っている」と言ったとき、村上が一瞬「あー」となったのだけは一生忘れないようにしようと思った。

あと「2年以内に売れる」と言っていた。運命を変えてしまった。

2011/04/27(水) 皆さんも気をつけましょう

先週の話だが、ばちーんんLIVEが終わり22時頃に自宅があるマンションに着いた。

そして自宅が8階にあるのでエレベーターに乗った。

するとそこで、どこか遠くの方からアラームの音が聞こえた。

そのアラームの音をどこかで聞いたことがある気がしたが、あまり気にせず閉まるを押した。

エレベーターのドアが閉まっていくのを僕は眺めていた。

そこで気づいた。

あのアラームの音は携帯の地震のアラームだ。

つまりこれから地震が起きる。そして僕は今エレベーターの中にいる。

やばいエレベーター止まる。

僕は慌てて開くを押したが、既にエレベーターは動きだしてしまった。

僕が揺れを感じる前にエレベーターのきしむ音が聞こえ、次第にエレベーターが揺れ始めた。

早く8階に着いてくれ。

そこで僕は途中の階のボタンを押せばいいことに気づいた。

そんな簡単なことに気づけないほど僕はてんぱっている。ここは一旦冷静になろう。

そして冷静になり、僕はひとつ閃いた。

エレベーターなんだから、揺れと逆の方向に僕が揺れれば結果的に揺れないんじゃないか。

いやその前にまず途中の階押した方がいい。

じゃあ気持ち体を揺らしながらボタンを押そう。

やばい逆に揺れが強くなった。あ、着いた。

無事エレベーターは止まることなく、8階に着いた。

僕は今回のことで、エレベーターに乗ってる最中に地震が来た場合、地震の揺れと逆方向に揺れるということを試みる前にまず途中階のボタンを押した方が良いということを学んだ。

2011/05/04(水) 変わったのはモミアゲの角度くらい

久しぶりにもう中学生さんと一緒になり、楽屋で昔の話をしていた。

お互いキャパ50人くらいの劇場からスタートし、10人くらいの前で滑り倒した思い出など、苦労話で盛り上がった。

もう中学生さんは「何度もお笑いやめようと思った。でも続けてよかった」と言った。

僕はその言葉に感動した。

その日、ライブのトークコーナーでもう中学生さんはもう中学生作曲『ゼリー状なら良かったのに』を熱唱し、滑り倒した。

苦労は今なお続いてるんだな、と思った。

2011/05/11(水) 親友

久しぶりの映画館。

僕が見ているのは『漫才ギャング』。前から見たいと思っていた映画だ。

そして僕の隣にいるのは天狗の横山。

なぜ横山と映画を見ることになったかは僕も未だによくわかっていない。

横山自身もたぶんよくわかっていないだろう。

横山と僕の友好関係は非常に説明が難しい。

仕事で一緒になれば必ず話す。

しかしプライベートで遊ぶということはない。

とはいえ別にプライベートで遊ぶことになってもおかしくない。


例えるなら、横山が死んだら僕は泣きながらその葬式に行くが、その葬式終わりで卓球とかしに行く可能性はある。そんな間柄だ。


僕はふと思った。

「もしかしたら、これを機に僕と横山はとても仲良くなるんじゃないだろうか」


こいつとは長い付き合いになる。

そう確信し、映画館で隣に座る親友横山の横顔を見て「これからもよろしくな」と呟いた。

そして映画が終わり、僕は「腹減ってる?」と聞こうとしたところ、横山は「あ、じゃあおつかれっした」と言って去っていった。


やっぱりこいつとは説明が難しい関係が続きそうな気がした。

2011/05/18(水) 良いことをした後は気持ちが良い

東海道線の最終電車で横浜駅にもうまもなく着くというときに、同じ車両に乗っていた女性が「この人痴漢です」と叫んだ。

その女性が指差した方向には中年男性がいた。

その男性は酔っぱらっていて、ずっとにやついていた。

そして男性は「やってないよー」と言いながらフラフラと女性に近づいていった。

僕は「やばい。男性を押さえなくては」と思った。

すると即座に若いサラリーマンがその男性を押さえ「どなたか駅員を呼んでください」と叫んだ。

僕は「よし。駅員を呼ぼう」と思った。

すると近くにいた学生さんがホームに降りて「駅員さーん」と叫んだ。

しかし駅員が来る前に男性が今にも暴れ出しそうだ。

僕は「女性を守ろう」と思った。

すると、近くにいたイケメンが女性の側に行き、手を広げて女性を守った。

ようやく駅員が来た。

僕は現場の近くにいたので「僕が事情を説明しよう」と思った。

すると被害にあった女性が駅員に事情を説明した。

そして僕は「帰ろう」と思った。

ちゃんと帰れた。

2011/05/25（水） もうネタ帳でもない

バイトが終わり、そのままライブに向かうため原付バイクで最寄駅まで向かっていた。

道路は車が少なく、僕はそこそこスピードを出して走行していた。

すると途中道路にちょっとした段差があり、そこを通る時に原付バイクが少し浮いた。

浮いた瞬間に僕のバッグから何かが落ちた。

僕はすぐにバイクを止めて、その段差のあるところを振り返った。

落ちたのは僕のネタ帳だった。

僕は慌ててそれを取りに行こうとしたところ、トラックがやってきて僕はすぐに踏みとどまった。

と同時に僕のネタ帳が豪快に轢かれた。

僕は「ああああ」と叫んだ。

トラックは過ぎ去り、僕のネタ帳が無残な姿になって道路に横たわっていた。

僕はそのボロボロになったネタ帳を両手で持ち上げた。

「ああ、ネタちょう」

そう呟き、最後にこれまで書いたネタを見てあげようとページをめくった。

するとネタ帳には「←↓←↓　パンチで真空波動拳」と書かれていた。

ネタ帳のほとんどのページに格闘ゲームの攻略メモが書

かれていた。

僕はそのままネタ帳をゴミ箱に投げ捨てた。

2011/06/01(水) 新曲「アシフルエル」

郵便局のバイトで住宅街を配達中、なぜかnobodyknows+の『ココロオドル』が頭の中から離れなくなり、歌わずにはいられなくなった。

最初は小声で「エ●●●●●●●●●●●●●●る」と歌っていたが、小声で歌ったときの自分の声が中々渋く、「鳴り」の「り」の巻き舌加減も様になっていると思った。

小声でこれほどイカしたビートを刻めるなら、きっと本気で歌ったら僕はビートの向こう側に行けるんじゃないかと思った。

試したい。今の僕なら行ける。本気で歌いたい。

僕の心は躍った。

そしてエレベーター。

完全一人。ここなら行ける。

僕はドアが閉まるのを確認した瞬間、本気で「エ●●●●●●●●●●●●●●る」と歌った。

すると「けーる」のあたりで閉まったはずのドアが開いた。

50過ぎのおじさんが閉まる直前で乗ってきた。

僕の足は震えた。

確実に聞かれた。

僕はそのおじさんと一切目を合わせないようにした。

するとおじさんは「陽気だねー」と言った。

僕は震えた声で「へい」と言った。

その「へい」は「へい」なのか「HEY」なのかは僕にもわからなかった。

2011/06/08(水) 驚愕

ルミネで『涼宮ハルヒの驚愕』を読んでいたところ、菅良太郎がやってきた。

菅は僕を見て「あっ野田さん。写メ撮っていいですか」と言った。

いきなりなんだよ、と思ったが、僕は「いいよ」と言ってポーズを決めた。

すると菅は「あっいや、さっきのままでいいです。本読んでてください」と言った。

僕は訳もわからず言われた通りにすると、菅はいろんな角度から、首をかしげながら何度もシャッターを押した。

そして菅は「よし」と言って携帯をいじり、「あっ野田さん。この写真ツイッターに載せましたんで」と言った。

いやいやいやと思った。

見せてもらうと、まるで僕が写真を撮られていることに気づかず、夢中でハルヒを読んでいるような写真だった。

さらに菅のつぶやきで「なんでこの世界に入れないんだ、

と呟きながら夢中でハルヒを読む野田さん」的なことが書かれていた。

彼の髭をちぎろうかと思った。

そんな菅良太郎と、今月から「ニコニコ動画」で公式の生放送をやることになりました。

また詳細が決まり次第ホームページに載せます。

2011/06/15(水) あと鍵のキーホルダーの件で課長に怒られた

ある日、郵便局のアルバイトでいつものように団地で配達していた僕は、とある家のポストにハガキを入れた。

そしてバイクを走らせ50メートルくらい進んだところでふと「あれ? さっきのハガキ、あの家のハガキで合ってたかな」と不安になった。

僕はさきほどの家まで戻り、入れたハガキを確認しようとした。

しかしポストには鍵がかかっていて入れたハガキを確認することができなかった。

僕はポストの隙間に指を入れてハガキを取り出そうとしたがまるで指が届かない。

そこで僕は胸ポケットにさしてあるペンをとりだし、それを隙間にさしてハガキを取ろうとした。

するとペンはハガキに届き、僕は慎重にペンでハガキを持ち上げ自分のところに少しずつ持っていこうとした。

しかしペンの先しか届いてないのでハガキはまるで動かない。

僕は最終手段としてバイクの鍵のキーホルダーを分解し、針金の部分を強引にのばしてそれをペンの先に取り付けた。

その改良したペンをポストの隙間にさしこむと、ハガキに届いたはいいが、引っかかりがないのでこちらに持ってくることができない。

なので僕はさらに針金の先の部分を曲げてハガキにひっかかるように改良し、再度それをポストの隙間にさしこんだ。

すると見事ハガキを取り出すことに成功した。

およそ30分ほどかかり、ようやく僕は入れたハガキを確認した。

ハガキはこの家のもので間違いなかった。

僕はどっと疲れて「帰ろう」と思った。

そして郵便局に着き、作業場に戻ると課長から「野田。お客様からクレームがきてるぞ」と言われた。

僕は「どんなクレームですか?」と聞くと課長は「うちのポストの鍵をピッキングしている人がいる、だそうだ」と言った。

僕は事情を説明しに、またさきほどの家へと向かった。

2011/06/22(水) 結局2人は行かなかったらしい

大阪のホテルに泊まることになり、僕はしいはしジャスタウェイと同じ部屋でお互い静かにくつろいでいた。

夜中2時ごろ。

そろそろ寝ようかなと思い布団にもぐると、ドアをノックする音が聞こえた。


しいはしが「はい？」とドアをあける。

するとそこには村上とボンさんの姿があった。

しいはしは「どうしました？」と聞いた。

すると村上は「大阪城行かない？」と言った。

しいはしは「えっ？　今からですか」と聞くとボンさんは「うん。チャリで行くんやけど」と言った。

僕は「大阪城ってここから近いんですか？」と聞いた。

村上は「うん。チャリなら全然余裕だよ」と言った。

僕はそれを聞いて「うーん」と唸り、行くか悩んだ。

ボンさんは「まぁでもチャリ2つしかないから君ら走ることになるけど」と言った。


僕は静かにドアを閉めた。


それから30分後。

外では突然雨が降りだし、雷が鳴りまくっていた。

おまけにテレビを見ると「竜巻注意情報」が出ていた。

しいはしは「どうしましょう。2人やばいですよ」と言った。

僕は「そうだな。やばいな」と言った。


そしてお互いベッドから一歩も動かなかった。

行動力は人それぞれだなと思った。

2011/06/29（水）元凶は菅

パンサー菅に『あの日見た花の名前を僕達はまだ知らない（通称・あの花）』というアニメを薦められた。

菅は「全11話なんですが、全部泣けます。11回泣けます」と言った。

僕は「いやいや、第1話で泣けるわけないだろ」と言ったら菅は「いやっそれが泣けるんですよ。見てください野田さん」と言った。

僕は「あぁわかったよ。見るよ」と言ってその日の夜、僕はあの花をぶっ通しで11話全部見た。

そして僕は12回泣いた。

その涙は次の日のTHE MANZAI予選まで止まらなかった。

会場に入り僕は大会に集中しようと顔を洗い、あの花のことを完全に忘れようとした。

しかしどこからか聞こえた「あのさー」という言葉が「あの花」に聞こえたり、「橘」と言う名前であの花を連想したり、終いには自分の鼻を見るたびにあの花を思いだし涙が止まらなくなった。

どうしたらいいんだと苦しんでいたが、しかしそこは僕も芸人。

出番が近づくにつれ自然と緊張感が高まり、大会に集中し、出番前にはあの花のことを完全に忘れていた。

結果、僕達は無事ミスもなくネタをやることができた。

ホッとして控え室に戻るとその日同じ出番だったシソンヌ長谷川が「どうでした？」と声をかけてきた。

僕は「いい感じだったよ」と答えると長谷川は「良かったですね。あーそういえば野田さん。あの花見ました？」と言った。


僕の目から涙が溢れだした。

隣を見たら、村上の目も赤くなっていた。

おまえも見たのかよ、と思った。

2011/07/06（水）おしゃれも老いも止まらねー

ばちーんんLIVE出番前。

控え室で開演を待っていると、サカイストのデンペーさんが「109行くか？」と誘ってくれた。

僕は一度も109に行ったことがないのでワクワクしながらデンペーさんについていった。

34歳にして未だにおしゃれが止まらないデンペーさんは行き慣れた雰囲気で109の中に入っていきエレベーターで8階へと向かった。


109とはいったいどんなところなのか？

僕は想像を膨らましながらエレベーターの階表示を見つめていた。


そしてドアが開き8階に下りた瞬間、僕はここがアウェイであることを再認識した。

見渡す限りギャルだらけ。

僕は一瞬「間違えました」と言って引き返しそうになったが、デンペーさんは「こっちだ」と言って堂々と店内を進んでいった。

デンペーさんは「中途半端なロン毛にダサい服着てるおまえは完全に場違いだな」と言った。34歳もだいぶ場違いだと思った。

そして店内に置いてあるTシャツをいくつか手に取り「うーんどっちにしようかな」と鏡の前でTシャツを体にあて「まぁいいや。どっちも買おう」と言って両手に持ったTシャツをそのままレジへと持っていった。

服に夢中になるデンペーさんはとても僕の10個上とは思えなかった。

帰り道。

デンペーさんは「もう服買いすぎて金ねーよ」と言った。

僕は「すごいですね。なんていうか、服への情熱」と言った。

するとデンペーさんは小さい声で「これくらいしか楽しみねーんだよ」と呟いた。

その背中からは大人の哀愁を感じた。

帰りに定食屋で焼肉定食を買うデンペーさんはやはり34歳にしか見えなかった。

2011/07/13(水)教訓。些細なことでも気にするべし

THE MANZAI、2回戦当日。

品川の会場に入ると、バウンサーの2人がなにやらもめていた。

やはり大きな大会となれば緊張感が高まり些細なことでも熱くなってしまうものだ。

一応事情を聞いてみると、レオは「斉藤くんのナンバープレートの位置がおかしいんですよ」と言った。

ナンバープレートとは大会の受付でもらう自分達のエントリーナンバーが書かれたプレートで、ネタ中はそれを胸につけるよう指示されている。

僕は斉藤のナンバープレートをチラッと見た。

するとナンバープレートはちゃんと胸についていて何らおかしいことはないように思えた。

僕はレオに「何がおかしいんだ?」と聞いたらレオは「前の1回戦で僕は左の胸につけてって言ったのに斉藤くんまた右につけてるんですよ」と言った。

レオはおかしいと思いません? みたいな顔で僕を見たが正直全く共感できなかった。心の底からどっちでもいいと思った。


そして出番直前。

僕らの前の出番だったバウンサーは先ほどまでもめていたとは思えないコンビネーションで完璧な仕上がりを見せ、誇らしげな顔でネタを終えた。

舞台袖でそれを見て「ナンバープレートなんて気にする必要なかったな」と呟き、僕は気合を入れ、袖から飛び出す準備をした。

しかしそのとき「ナンバープレート?」と、不意に嫌な予感がして僕は自分の胸に目をやった。

やばい、ナンバープレートつけ忘れてる。

村上にそれを伝えたら、村上もテンパって「スーツの下につけてるからナンバープレートが見えなかった、みたいなことにしたら?」と訳のわからないことを言った。

ネタは無事やりきることができたが、帰り道、僕は「合否に関係ない。合否に関係ない」と永遠に呟くはめになった。

2011/07/20（水）ほんと書くことなかった

大雨の日の郵便配達。

苦しい中での配達だが、僕はこういう日ほど気持ちが熱くなる。

雨の中黙々と仕事をしてる自分に酔うからだ。

団地の階段を2段飛ばしでかけ上がり「書留でーす」といつも以上に声を張り、満面の笑みでお客様に郵便を渡す。するとお客様はいつもより笑顔で「ありがとう」と言ってくれた。

さらにお客様は僕に「雨の中大変ね」というお気遣いの言葉をかけてくれて、それに対して僕は元気良く「へっちゃらです」と返した。

雨は確かに辛いが郵便を受け取ったときのお客様の笑顔を見れば疲れがすべて吹き飛んだ。

「それでは失礼します」といつも以上にドアを丁寧に閉め、帰りは忍者のように軽やかに階段を降りる。

「シュタタタタ」なんて効果音を口ずさんじゃったりした。

シュタタタタの前に「んー」も入れてみた。

僕は「んーシュタタタタ」と言いながら階段をかけ降りた。

そして僕は凄まじい勢いで階段を転び落ち、強烈に背中を打ち一気にテンションが下がった。完全に真顔になった。

なんなんだよと思った。俺が何をしたよと思った。

完全に冷静になった僕はさっきの「シュタタタタ」がと

てつもなく恥ずかしくなり、二度と「シュタタタタ」なんて言うのはやめようと思った。

こうして僕はシュタタタタを二度と言わなくなったとさ。

2011/07/27(水) 第5回。野田スクールクリスタル

またやってきた野田スクールクリスタル、略してNSC。

今度の日曜日に行われるこのライブは今回でなんと5回目ということで、毎度お手伝いをしてくれるスタッフさん、そしてチケットを買ってくれたお客様には感謝の気持ちでいっぱいだ。

このライブは笑いに煮詰まった芸人どもにもっと煮詰まってる僕が笑いの指導をするというライブだ。

今回はどうやらチケットがたくさん売れたようでデスペラード武井さんの集客力にはいつも驚かされる。

今回はゲストが脳みそ夫さん。

脳みそ夫さんとは僕がピン時代にライブで共演したことがあるので再会が楽しみだ。

それでは今回の予告

・好井、ゲロを吐く

・好井、ホクロを白の碁石で囲んだら取れた

・好井、鉄骨渡りで後ろから押される

の3本です。

絶対来てくださいね。

じゃんけんぽん。はい勝った。


この本を出す前に好井にお詫びをした方が良い気がする。

2011/08/03(水)ゲーム脳

格闘ゲーム『スーパーストリートファイターⅣ ＡＥ』を延々とやっている。

もう家に帰るとそれしかしてない。

ファミ通ＬＩＶＥというニコニコ生放送の番組で格闘ゲームの全国大会に出ることになり、宿題として来週までに2000試合やることになり、僕は延々とプレイしている。

100試合するのに5時間かかる。

ずっとゲームをやっていると段々ゲームと現実の区別がつかなくなり、人が近づいてくるとガードしてしまう。

これがゲーム脳というやつかと思い、このままでは駄目だと僕は気分転換に銭湯に行ってきた。

すると何故かその時間帯は背中に彫り物がある方々が多数いて僕は端っこで頭を洗っていた。

周りには怖い人がたくさんいたが、寝不足とゲーム脳のせいで頭の中ではずっと格闘ゲームの対戦が行われていた。

すると背中に派手な龍の彫り物がある方が「お兄さんこんな時間にここ来て仕事なにやってんの?」と声をかけてきた。

僕は完全に頭がボーッとしていて「あっゲームです」と言った。

するとその方は「かあちゃん泣いてんぞ」と言って離れていった。

僕はツッコむ余裕もなく頭を洗い続けた。

2011/08/10(水) ハンター×ハンター部再開

今週もまたいろいろあって書きたいことがたくさんあるが、しかし僕は語りたい。

『ハンター×ハンター』を語りたい。

遂に今週から再開した『ハンター×ハンター』。もちろん単行本も買った。

『ハンター×ハンター』が再開したということはもちろん我らハンター×ハンター部の活動も再開ということになる。

もう誰も覚えていないかもしれないがハンター×ハンター部とは昔作った『ハンター×ハンター』を愛する者の集い。

メンバーを紹介しよう。

ちなみにみんな念能力者なので能力も大公開だぞ。

・ジューシーズ松橋

能力……ほうれい線アドベンチャー

ほうれい線のしわに手を突っ込むとしわの中に引きずりこまれる。そして骨だけになった姿がほうれい線から出てくる。

・ジューシーズ赤羽

能力……にくにくホール
お腹にパンチをすると吸い込まれて骨だけになった姿が口から出てくる。

・トンファー小浜
能力……小浜イリュージョン
何もしてないのに骨が口から出てくる。

・マヂカルラブリー村上
能力……完食
なんでも骨まで食べる。

以上がメンバーだ。
ちなみに本人には許可をまだ得ていない。
メンバーは随時募集中だよ。

・マヂカルラブリー野田　あらゆる骨を持ち上げる。

2011/08/17（水）ちょっと考えればわかること

夜中4時くらいになるといつもうちの家の前を全速力で走っている人がいる。
さらに足音は一瞬だけ家の前で止まり、そしてまた走り出す。

僕の家はマンションの8階。僕の部屋は玄関側にあって足音と窓に映る人影でそれに気づく。

なんで夜中に8階を全速力で走っているんだろうか？
夜中にいつも急ぎの用があって走っているのだろうか？

しかし走っている方向がエレベーターとは逆のため急いでいるとは考えにくい。

エレベーターと逆側に行くということは帰宅する人以外考えられない。

しかしこんな夜遅くにしかも全速力で帰る人などいるだろうか?

正直何か怪しいなと思った。

僕は夜中4時に聞こえる足音を聞くたびに妄想を膨らまし、終いには霊的な何かではないかと思った。

僕は気になって足音が聞こえたら外に出て確認しようと思った。

その日僕は眠気を押さえながらその時間まで待ち、そしてついに4時になった。

いつでも外に出られる準備をし、僕はじっと耳をすました。

すると遠くから「タタタタタ」という足音が聞こえ人影が窓を通りすぎた。

僕は今だ、と思い玄関を勢いよく開けた。

するとそこには驚きすぎて声が出ない新聞配達のおじさんがいた。

僕とおじさんはしばらく見つめ合い、僕はたまらず「あざす」と言った。

配達のおじさんは硬直したまま頭を下げた。

僕はそのまま戻るわけにも行かないのでコーヒーを買いに行った。

コーヒーはおいしかった。

2011/08/24(水) 未だにひかちゃんと呼ぶのはやめてほしい

これまで夜更かしすることはなかった。

することがないし、なにより毎朝郵便配達があるので遅くまで起きてるのが苦だった。

詳しくは8月3日の日記を参照してほしいが、僕は今『スーパーストリートファイターⅣ AE』をひたすらやっている。

帰ってすぐXboxの電源をつけ、朝までカチャカチャとスティックを動かす。

ある日、家に帰ってXboxの電源をつけようとしたらXbox本体がなくなっていた。

僕は昨日の記憶がなくて、もしかしてどこかに持ち出して忘れてきたんじゃないかと思い、顔が青ざめた。

やばい。全然思い出せない。もしかしたらファミ通LIVEの撮影で持ち出したかもしれないし、昨日朝までやってた気がしないでもない。

夕食になりテーブルに座った。

しかしご飯が喉を通らない。気になって仕方ない。これでXboxをなくしたら今までの試合数がなかったことになるし、練習もできない。

僕は頭を抱えた。

すると母親がそれを見て押入れに行き、右手にXboxを持って戻ってきた。

僕は「え? なんで?」と言った。

母は「ゲームばっかやってたらバカになるわよ!」と言ってXboxを僕に返した。

まるで夏休みにゲームばっかやって怒られる子供の如しだった。

2011/08/30（火）ルノアールデビュー

ルノアールでかんみのだの打ち合わせが行われた。

お洒落な雰囲気の店内。橘と菅とスタッフさんは既に着いていたようで、僕は「すいません。遅くなりました」と頭を下げ席に着いた。

スタッフさんは「いえいえ。あっ好きに注文していいですよ」と言った。

僕は「あっほんとっすか」と言って席を立ちカウンターを探した。

そして探してる途中にレジカウンターで注文するシステムじゃないことに気づき、戻るのも恥ずかしいのでその足でトイレに行った。

席に戻り、慣れた感じで店員さんを呼ぶ。

そして僕は「アイスコーヒーで」と言った。

すると店員さんは「水出しに致しますか？」と言った。

僕は「あっじゃあ後出しで」と言った。

言った後に店員さんの「はっ？」という顔で、あっさてはこれコーヒーを先に出すか後に出すかという話ではないな？　ということに気がつき「あっじゃあなんでもいいっす」と言った。


そして打ち合わせは順調に進み、スタッフさんは「じゃあ次回はそんな感じでいきましょう。お疲れ様でした」と言った。

菅と橘が席を立つのを見て僕も席を立った。

僕は一瞬だけコーヒーのグラスを手に持ったが、2人を見て自分で返却口に返すシステムではないということにすぐ気がついたので、すぐに置いた。

もしかしたらまだ何かあるかもしれないのでその後の行動はすべて橘と菅を見てから行うようにし、無事店内を出ることができた。

橘は「ルノアールで打ち合わせもたまにはいいね」と言った。

僕は「そうだね。ドトールでもいいけどね」と言った。

2011/09/07（水）マヂカルラブリー検定

更新遅くなりました。申し訳ありません。

この前ホームページのメールにこんなメッセージが届いた。

「マヂカルラブリー検定をやったら8問正解しました!!」

更にメールを読むと、メッセージの最後にURLが貼られていた。

僕はそのURLにアクセスしてみると、そこには「マヂカルラブリー検定」という、僕らマヂカルラブリーについてのクイズが出題されていた。

こんなものが作られていたのかと僕は感動し、試しに僕はこのマヂカルラブリー検定をやってみることにした。

まず第1問が「マヂカルラブリーの結成はいつ？」という問題。

さっそく1問目からつまずいた。

正直育成所などに入ってたわけではないのでコンビ組んで何年たったのか覚えていない。

さらに「村上さんが単独ライブでやってしまったミスは？」という問題が出て、僕はまるで思い出せず村上に電話しかけた。

そしてクイズを続けていき、僕は10問すべて回答を終えた。
さっそく結果を見てみると10問中4点だった。
さらにコメントで、
あなたは『マヂカルラブリーをやや知っている人』です。
と言われた。
もっと勉強しなきゃなと思った。

2011/09/16（金）毎週日記を書くという習慣が大事

魔法のｉらんどのメンテナンスで一時ＢＢＳの書き込みができなかったようで、それに伴いホームページの更新ができず日記も書けませんでした。申し訳ありません。


このホームページを作ってから5年ほど経ち、このホームページのＵＲＬを見るとわかる通り、元々はピン時代のホームページをそのままマヂカルラブリーのホームページとして使っている。

ちなみにその前に一度、アンビシャスというコンビを組んでいたのでそのホームページでもあった。

もっとその前で言うと、役満というコンビを組んでいたときも魔法のｉらんどでホームページを作ったため、僕は芸人人生すべてを、魔法のｉらんどとともに歩んでいる。


つまり魔法のｉらんどなくして僕の芸人人生は語れない。

魔法のｉらんどにはいくら感謝してもしきれない。

ありがとう魔法のｉらんど。

ただメンテナンス告知はもっと大きく書いてほしいと思った。

2011/09/21(水) あと電車が全部止まっていた

バス停でバスを待っているとバス停の横にある電話ボックスに中学生くらいのカップルが何故か入っていた。

おそらくバスが来るまで台風を凌ぐために入っているのだろう。

僕はそれを横目でチラチラ見ながらバスを待っていた。

すると強風が吹き荒れバス停の標示板が僕の方に倒れてきた。

幸い広い面の部分が僕の肩にぶつかっただけなので痛くなかったが、とても恥ずかしかった。

すぐに標示板を元に戻し誰かに見られていないかと周りを見渡し、電話ボックスの方もチラッと見た。

そしたら中学生カップルが抱き合いながらキスをしていた。

標示板はほっとくとすぐに倒れてくるので、僕は標示板をずっと押さえてた。

その最中もずっとカップルは抱き合いながらキスをしている。

僕は両手で標示板を押さえているので完全に雨でびしょ濡れになっている。

その最中もずっとカップルは抱き合いながらキスをしている。

僕の頬を伝うのは雨か涙か。

そしてようやくバスは到着し、僕はすぐにバスに乗った。

しかしあのカップルは電話ボックスから出てこない。

カップルの話し声はこちらには届かなかったがおそらく

「バス行っちゃうぜ」「もうちょっと」みたいな会話が繰り広げられているに違いない。

僕が離れたことにより、標示板は支えを失い強風で倒れた。

しかしあのカップルは構うことなく愛を深めていた。

今夜彼らの愛はきっと台風よりも激しく荒れるのだろう、と勝手に妄想しながら、このバスの行き先を見て完全に乗り間違えたことに気がついた。

2011/09/28（水）でも流行ったら困る

郵便局の配達で、とあるマンションで配達していたところ、突然知らない子供が駆け寄ってきて僕の背中に隠れた。

最初僕はなんだ？　と思ったが、外にいる子供たちの声で鬼ごっこをしているのがわかった。

その子供は僕の歩くスピードに合わせてぴったりと背中についてくる。

正直いい加減うっとうしいなと思い始めた頃、マンションの階段を降りてるときに階段の脇に隠れてる別の子供をみつけた。

その子供は一瞬ぴくっとして逃げようとしたが僕を見てホッと胸を撫で下ろした。

するとその瞬間、僕の背中に隠れていた子供がもうダッシュでその子供に近づき「捕まえた」と言ってその子の手をつかんだ。

おまえ鬼だったんかいと思った。

隠れていた子供は「うわっそれずるっ」と言った。

それ呼ばわりされた僕は怒りを鎮めて気にせず階段を降りようとしたところ、その鬼だった子供がまた僕の方に駆け寄ってきた。

僕はもうやめてくれとうんざりしたところ、子供は僕に深々とお辞儀をし「ありがとうございました」とお礼を言った。

僕は「おう」と固い笑顔で片手を上げた。

なんだかその日の僕は上機嫌だったとさ。

2011/10/05(水) 僕の運気と村上の口臭の関係性について

「THE MANZAI」東京予選で奇跡の2位。

携帯でやっているグリーの『ドラゴンコレクション』でスーパーレアが当たる。

朝起きると冷蔵庫に寿司が入っている。

バイト先で怖い上司が僕をのだっちと呼び始める。

村上の息が臭くなくなっている。

自動販売機で1000円札が一発で入る。

横断歩道の信号が必ず赤。

銀行のカードが折れる。

あったか～いが全部売り切れ。

前の衣装のジーパンを親父がはいている。

村上の息が再び臭くなる。

前に食べた寿司にあたる。

確実に僕の運気が下がり始めている。

次の大阪予選までになんとか運気とゲリは治したいと思った。

2011/10/12(水) この日記は何故かよく父が出てくる

うちの父親はびっくり癖がある。

例えば僕がテーブルから何か物を落としたりすると父は「うあああ」とびっくりして立ち上がる。

父が寝ているときにそっと横を通りすぎると父は「ああああ」とびっくりして起き上がる。

テレビを見てるときに声をかけると「はあああ」とびっくりしてこっちを振り向く。

そんな父はまるで死んでいると思ったセミが横を通りすぎると急に鳴き出すあれに似ている。

その現象はよくセミ爆弾と呼ばれているが、うちの家では急にびっくりする父をお父さん爆弾と呼んでいる。

父爆弾の方が語呂は良いがなぜかお父さん爆弾と呼ばれている。

そしてこの前「THE MANZAI」の予選で2位を獲り野田爆弾が発動した翌日、その順位を父に報告しようとソファに座ってテレビに夢中になってる父に「父ちゃん」と声をかけたところ父は「はあああ」とびっくりしてこっちを見た。

父は「なんだひかるか」と言ってまたテレビを見た。

そして僕は父に「父ちゃん。予選でなんと2位だったよ」

と報告した。
すると父親は「ほぉ。すごいじゃん」と言った。

お父さん爆弾は予選2位では発動しないようだった。

2011/10/19（水）最近どう？

地元の友人から久しぶりに連絡があり、その友人を家に招待した。
なんでも友人はストリートファイターⅣをやりこんでいたらしく、たまたまニコニコ動画で僕がストⅣをやってるのを見て僕に電話し「対戦しないか」と誘ってきた。

思い出してみると彼は学生時代から格闘ゲームをやりこんでいた。
僕は彼を部屋に入れ、さっそくゲーム機の電源を入れ対戦した。

僕は相当このゲームをやりこんでいるつもりだったが、彼は凄まじい反射神経で僕をボコボコにした。

そして5時間ほど対戦し、結果は完全に僕の負け越し。
その後僕は彼を駅まで送った。

正直、悔しかった。
やりこんでる時間では僕の方が上のはずだったが、反射神経や経験で完全に負けていた。

僕は悔しくて、帰り道はあえて格闘ゲームの話を避け「最近どうなの？」と今さらのような質問をした。

すると彼は「付き合ってた彼女と別れたよ。で別の人と結婚してこの前子供産まれた。でも嫁の方は前の旦那の子供がいて今もう子供3人いるんだけどね。ちなみに親とは絶縁しちゃってもうだいぶ実家帰ってないよ。なんとか働いて家族食わしてる感じかな」

と尋常じゃない「最近」を持っていた。

いやゲームしてる場合じゃないだろと思った。
まず電話したときにそれ話せよと思った。
というかまず結婚した時点で電話くれよと思った。

彼は「おまえも最近頑張ってんの？」と僕に聞いた。
僕は胸を張って「普通」と答えた。

2011/10/26（水） 1時間おきに60円拾えば問題ない

時給が60円下がった。
郵便局のバイトの時給は課長が決めている。
課長とは昨日とても和気あいあいとお話をした。
なのに時給が下がっている。

つまり僕と笑顔で喋ってる最中、課長は「あっ、こいつの時給下げよ」と思ったということになる。

僕が朝、課長に「おはようございます」と元気に挨拶をし、課長は「ああ、おはよう」とさわやかに挨拶を返してくれたが、この時課長は「いやーとりあえずこいつの時給は下げよ」と思ったということになる。

僕がタバコを吸ってるとき、課長が「野田。お笑いの方は頑張ってるのか？」と聞いてきたので僕は「あっはい」と返事をしたら課長は「そうか。頑張れよ」と言いながら「時給下げよ」と思ったということになる。

そして僕がこの契約書を見て時給が下がったことを知って落ち込んでるとき、課長は「時給下げたのはなんと、おれー」と心の中で爆笑してるに違いない。

大人は汚いと思った。

2011/11/02（水）昆布Tを馬鹿にするな

髪を切った。

しかし誰にも気づいてもらえない。

いつも髪を切るときは結構切るが、今回はほんのり切った。

そのほんのりが今回うまい感じにいき、僕の中で一番ちょうど良いロン毛感を出せていると思っている。今年一番の良いロン毛だ。

しかし誰にも気づいてもらえない。

この前、橘が髪を切って菅良太郎に「いやっ全然変わってねぇじゃねーか」とツッコまれていた。

菅良太郎は「ねぇ野田さん」と僕に言ったが、そのとき僕も髪を切った直後だった。

変わってなさすぎて切ったことすら気づかれなかった。

でも僕の中ではベストロン毛であり、こんなにもベストロン毛なのになんで誰も気づいてくれないんだ。なんでベストロン毛と呼んでくれないんだ、と心の中で叫んでいる。

しかしそんな中、村上は僕を見て「あっ」と何かに気づいたようだ。

さすが相方と思い「なに？」と返事をすると村上は「Tシャツださっ」と言ってどこかに消えていった。

僕の顔がショボーンの顔文字みたいになった。

2011/11/09（水）今度の漫才協会は新ネタっす

皆さんは今週の「素晴らしい×素晴らしい」を読んだだろうか?

「素晴らしい×素晴らしい」は今週も素晴らしかった。

先週も素晴らしかった。

そもそも素晴らしくないときはあったのだろうか?

否、僕は「素晴らしい×素晴らしい」が素晴らしくなかった日を知らない。

おや、つい素晴らしすぎて「素晴らしい×素晴らしい」と言ってしまっていた。

『ハンター×ハンター』のことだ。

もしかしたら「素晴らしい×ハンター」だったかもしれない。

タイトルに素晴らしいが入ってないことに違和感を感じるほどに素晴らしい漫画だ。

実はばちーんんメンバーの中にはこの「素晴らしい×素晴らしい」の愛読者が多く、毎週月曜日の楽屋では「ハンター×素晴らしいハンター」の話でもちきりとなる。

しかしみんなが揃って心配しているのは「休載」だ。

この「すばハン×すばハン」は内容こそ素晴らしいが作者に休載癖があり、急に1年くらい休むときがある。

それを不満に思う読者も多いようだが、しかし僕はそれも受け入れようと思う。

その休載によってこれほど「素晴らしい素晴らしい×素晴らしい」が書けているのなら僕は我慢しよう。

それほど僕はこの「スバラー×スバラー」を愛しているのだ。

そういえばマヂカルラブリーはここ最近新ネタを作っていないが、これは『ハンター×ハンター』の影響を受けているとかいないとか。

2011/11/16(水) 帰りは銀座線で帰った。名前がおしゃれだからだ

楽屋で、トンファーの2人と村上に「野田さんはダサすぎる」という話を延々とさせられた。

まず村上に「着るTシャツすべてが短すぎる」と言われ、山西に「何か違和感がある」と言われ、小浜から「そもそもズボン上げすぎでしょ」と言われる。

そして山西からは「わかった。Tシャツがそんな短いのにベルトが見えてないのがおかしいんですよ。Tシャツ短くてズボン上げすぎなんですよ」と言われる。

散々な言われようだが、しかしそこは僕も先輩。ここはガツンと言ってやった。

「おまえらだってプロのおしゃれには敵わないんだ。おまえ達が俺のおしゃれに文句を言うのと同じように、プロのおしゃれからおまえ達は鼻で笑われているんだ」

それを聞いて村上は「何言ってるのかわからない」と言い、山西は「プロのおしゃれって何なんですか」と言い、小浜は「野田クリちょっと黙ってて」と言った。

そして山西が何かに気づいた。

「野田さんちょっと待ってください。なんでそんなポケットがパンパンなんですか」

小浜は「まさか財布を前ポケットにいれてるんじゃ」と言い、村上は「嘘でしょ。ずっと気づかなかったわ」と本

当に驚いていた。

僕は自分の財布を取り出すと、村上は「って財布までダサいーー」とネタ中よりも高い声でつっこんだ。

山西は「今のところ靴下が一番おしゃれですよ」と言い、小浜は「全裸の方が今の野田さんよりちょっとだけおしゃれ」と言った。

僕は悔しさのあまりこいつらに中指を立ててその場を去った。

帰り道、僕はおしゃれになろうと心に誓った。

そして前ポケットに入れていた財布を取り出し、数年使っていなかった後ろポケットに財布を入れようとしたら、後ろポケットにしわしわになった1000円札が入っていた。

もうこの1000円札がなんで入っているのかは思い出せない。

僕はその1000円でカフェ・ラテを買った。

僕のおしゃれへの第一歩だった。

2011/11/23(水) 目覚ましを変えるべき

バイト先の先輩が先週寝坊で遅刻した。

課長は「いいかげんにしろ。何回寝坊したら気が済むんだ。始末書書け」と叱り、先輩は泣きながら始末書を書いた。

先輩は「俺はどうしようもない奴さ。そんなどうしようもない奴を雇ってくれるこの郵便局に恩返ししなくちゃ」と僕に言った。

そして先輩は課長のところに行き「俺変わります。今日からの俺をよろしくお願いします。」と言って深々と頭を下げた。

課長は「頼むぞ」と言ってニコッと笑った。

そして今日、先輩が勤務時間になっても来ていなかった。
電話しても出ないのでたぶん寝坊だ。
僕はどんな登場の仕方をするのかワクワクした。

そして先輩は30分遅れで登場した。
先輩は「あーごめんごめん。トイレ混んでてさ」と言った。
僕はよく意味がわからず、とりあえず「おはようございます」と言った。
そしたら先輩は「えっ？　さっきからいたけど」と言った。

それは無理あるだろ、と思った。

先輩はなに食わぬ顔で仕事を始めた。

しかしすぐに先輩は課長に呼び出され、戻ってきたとき先輩は「あー知らね。もう知らね」と言っていた。

先輩は確かに変わった。
しかしバイト先も変わりそうな気がした。

2011/11/30（水）一人で手作りチャーハンを食べた

たくさんの誕生日お祝いメッセージありがとうございました。無事お肌の曲がり角を迎えることができました。

たくさんの方に祝ってもらったが、身近な人ほど僕の誕生日に気づいていなかったりする。

この前、楽屋で村上に靴下をもらった。
なんだこいつ、気が利くじゃねーかと思ったら村上が「なんかわかんないけどお姉ちゃんが渡せってさ」と言った。
なんでお姉ちゃんの方が覚えてんだよと思った。

家族は誰も僕の誕生日に気づいていないようで、さすがに祝ってもらう歳でもないのかもしれないが、家に帰ったら置き手紙で「友達とご飯食べてくるので夕飯はありません」と書いてあったのには軽くイラッとした。

翌日、珍しく母からメールが来て、今さら気づいたのか？と思ってメールを見たら「おかっちM・C・すべってたそうですね。お母さん顔真っ赤です」と書いてあった。

素敵な誕生日だった。

2011/12/07（水）腹筋単独ライブ

僕の腹筋は鉄のように固い。

一度、僕の腹筋にサッカーボールが飛んできたことがあるが、僕の腹筋が固すぎて飛んできた以上のスピードで跳ね返ったことがある。

鉄のスプーンが僕のお腹に落ちたとき、僕の腹筋が固すぎて一瞬金属音がした。

この前電車に乗っていたら、おばあちゃんが僕のお腹に寄りかかってきた。

僕はなんだ？　と思い、おばあちゃんの肩をチョンチョンと叩いた。

するとおばあちゃんは僕の方を見て「すっすいません」と言って慌ててどこかへ消えていった。

僕の腹筋が固すぎて、どうやら僕の腹筋を壁だと思ったようだ。

そんな僕の腹筋エピソードが聞けるマヂカルラブリー単独ライブ「スサノオノミコト」が1月にあるので是非見に来てください。

2011/12/14(水)ニュースJAPAN

渋谷からの帰りの電車。僕は生まれて始めて網棚を使った。

これまで僕は網棚に荷物を置くと、誰かに取られないか？　とか、降りるときに忘れないか？　とか気になって落ち着かないので網棚を使わなかった。

しかしその日は荷物も多く、考えてみたら僕ももう立派な大人なんだから忘れやしないだろうと思い荷物を置いた。

そして横浜駅に降りて、キオスクであんぱんのお菓子を買ってるときに思いっきし網棚に忘れたことに気づき、終点駅の忘れ物センターみたいなところに電話した。

すると僕の荷物らしきものは見つかったが、僕の荷物かどうかを確認したいと言われ、そういえば荷物の中にお客さんからもらった僕宛ての小包があり、それを駅員に確認してもらって名前を確認してもらおうと思った。

僕は電話で「荷物の中に野田クリスタル宛ての小包があると思うんですが」と言うと、駅員は「いや、違いますねー」と言った。

僕は「じゃあ野田光ですか？」と言うと駅員は「野田は合ってるんですけどねー」と言った。

僕は「もしかして野田クリステルですか?」と言うと駅員は「あっそれですね」と言った。

駅員は「じゃあ野田クリステルさん、終点駅の窓口で荷物預かってますので取りに来てください」と言った。

そして僕はその駅まで行き、駅の窓口で「あっ野田クリステルですけど」と言ったら駅員は「あっはい、では身分を証明できるものと、あとこちらに荷物を受け取ったことを確認するため滝川さんのご署名を頂けますか」と言った。

誰が滝川さんだよ、と思った。

2011/12/21(水) 2011年を振り返る

2011年はまるで2007年のような年だった。

2012年は2005年のような年にしたいと思った。

2011/12/29(木) 毎年ラストスパート

年賀状の仕分けをしている。

毎年、来年こそは売れてバイトをやめてやると思いながら仕分けをしている。

今年が最後の仕分けだと心に誓って働いてる。

最後の仕分けなんだから悔いが残らないように精一杯働こうという気持ちで仕分けをしている。

結果的に僕は毎年精一杯働いてる。

良いお年を。

でもなんかホッとする。

［2015年版　2006－2010　解説］　　　　（2015年当時掲載）

野田龍治

みなさん、初めまして！

マヂカルラブリー・クリスタル野田の〝おやじ〟です。

よろしくお願いします。

この度、マヂカルラブリーHPに連載しています「野田の日記」が書籍化されるという話と共に、あとがきとして「親の一言」を書いてくれ……ということで、恥ずかしながら拙文を寄せていただきました。

まず、私としては、はっきり申し上げまして、本人達がやっていますコントや漫才はこれまでもあまり面白いと思ったことはあまりありませんが、この「野田の日記」は以前からの隠れファンでして、毎回読むたびにニヤニヤ・ブファブファさせてくれ、数少ない癒しのひとときとして毎週掲載を心待ちにしている一人です。

BBSでも、ファンの方が「よくあるある！」「私もよくやっちゃう！」などと共感を寄せられ、また、本人の知られざる姿を垣間見る機会として、それなりに愛読者も多いようです。

わが子ながら、割と社会や人間をよく観察していると感心させられる描写も多々あり、ネタ的にそれこそ本業のコントや漫才よりも面白く、文章もよく出来ていると思いますので、この本を機会に「ピースの又吉さんに続いて文壇にデビューをっ！」と親バカを発揮しながらふらちな期待を膨らませているのが本音でございます。

ただちょっと困るのが、時々登場する「家族ネタ」で、母親はともかくこの〝おやじ〟はあまりいい感じには描かれていないのが多少の不満ですが、そこはまあそれもネタのうちとあきらめています。

この本を読まれて、「思考が変わった！」「人生の転機になった！」ということはまずないとは思いますが、皆様の「気分転換」「ストレス発散」「心身浄化？」の一助になれば幸いと思います。

ただ、くれぐれも本人のマネはしないようにした方が身のためと思いますが……。

今は実家の横浜を遠く離れた大宮を中心に仕事をしており、私どもとはなかなか会えない今日この頃ですが、この本を読んで初めてマヂカルラブリーを知った方を含め、ファンの皆様がマヂカルラブリーを今後とも末永く応援・ひいきにしていただくことで、息子と会えないさみしさを埋め合わせていきたいと思っておりますので、よろしくお願いいたします。

どこか一本抜けてる父より

［２０１５年版　２０１１－２０１５　解説］

（２０１５年当時掲載）

野田チイ

初めまして！
最近、息子を語るオレオレ詐欺にまんまと騙されそうになった野田の母です。
この度「野田の日記」がグッズの本になり、驚きと嬉しさでいっぱいです。
関係者の方々、読んで下さっている皆様、感謝、感謝です！
母も一人暮らしの息子の安否確認もふまえて「野田の日記」毎回チェックしています。
仕事はあるのか？　ちゃんと食べているか……？
心配ばかりの母ですが、家族一同、親族一同、陰ながら応援しています。
息子よ！　牛が食べたくなったら帰ってきて、タン塩お腹いっぱい食べましょう！

クッパの好きな母より

長男
次男
三男

野田の日記 2006 - 2011 - はじめのほう -

- それでも僕が書き続ける理由 -

著　　　者　　野田クリスタル（マヂカルラブリー）

2021年4月3日　初版発行
2021年10月8日　3刷発行

発 行 人　　藤原 寛
編 集 人　　新井 治

挿　　　絵　　野田クリスタル
装丁・DTP　　大滝康義（株式会社ワルツ）
撮　　　影　　永留新矢
企画・協力　　野間俊助、前橋久美子、両國龍英
校　　　閲　　鴎来堂
営　　　業　　島津友彦（株式会社ワニブックス）
編　　　集　　太田青里

発　　　行　　ヨシモトブックス
〒160-0022　東京都新宿区新宿 5-18-21
03-3209-8291
発　　　売　　株式会社ワニブックス
〒150-8482　東京都渋谷区恵比寿 4-4-9 えびす大黒ビル
03-5449-2711

印刷・製本　　株式会社光邦

ISBN 978-4-8470-7038-9